Escribir cartas
INGLÉS

Escribir cartas
INGLÉS

de

Rachel Armitage Amato

Centro de Investigación y Publicaciones de Idiomas
C/ Bruc, 21. 1.º-2.ª
08010 Barcelona

DIFUSION

OCEANO

Dirección editorial:
Detlev Wagner y Neus Sans

Coordinación editorial:
Olga Juan y Mireia Boadella

Escribir cartas - INGLÉS
de Rachel Armitage Amato
Traducción y adaptación:
Elvira Sancho

1.ª edición 1994
2.ª edición 1996
3.ª edición 1998

Título de la edición original:
Anglais correspondance
publicado por Editions Nathan, París

ISBN 84-494-2088-1
Depósito legal B-38596-XLIV
Impreso en España

ÍNDICE

MODO DE EMPLEO

Si quieres dominar todo tipo de textos escritos

• Primero, lee las REGLAS GENERALES expuestas en el primer capítulo.
• Después aprende a redactar tus cartas activamente, completando el modelo con las opciones de los tests y comparando tus resultados con la carta que tienes al dorso.
• ¿CÓMO SE DICE? propone la traducción de expresiones modelo y variaciones sobre las mismas. En las traducciones se ha preferido la realidad del español a la versión literal, recuerda que cada idioma tiene su propio funcionamiento.
• ¡NO OLVIDES! contiene tanto elementos destacables de la lengua como "errores" que hay que evitar.
• En ¡AHORA TÚ! tienes que redactar tus propias cartas a partir de las directrices que se te ofrecen, para recordar las expresiones clave y manejar sus variantes.

Si lo que necesitas es un punto de referencia

• Las REGLAS GENERALES te recordarán las normas de uso que tienes que tener siempre en cuenta, es decir, colocación de los elementos en una carta, sobres, anexos, firmas, estilo, etc.
• Las ABREVIATURAS Y SIGLAS te permitirán consultar de forma rápida las abreviaturas más frecuentes en la correspondencia comercial.
• En el ÍNDICE encontrarás el tema que te interesa.

¡Suerte con la redacción...!

REGLAS GENERALES

El destinatario y el remitente

• *Si la carta no tiene membrete, la dirección del destinatario aparece a la izquierda de la página, y la del remitente a la derecha. La fecha aparece justo debajo de la dirección del remitente. La primera línea de la dirección del destinatario debe alinearse con la fecha, que aparece una línea por debajo :*

```
                                    Luxiphone
                                    C/ Capitán Alba, 10
                                    45005 Toledo

                                    5th January 19...
Mr J.P. Queensway
Branch Manager
Financial Bank plc
Money House
45 Highway Avenue
Banbury
Oxfordshire AP7 5RT
```

• *En el papel que tiene membrete, la dirección del destinatario aparece a la izquierda y la fecha, siempre a la derecha, se alínea con la última o primera línea de la dirección del destinatario.*

• *En Gran Bretaña, la dirección del destinatario debe presentarse de la siguiente manera :*

– título y nombre	Mr. J.P. Queensway
– cargo en la empresa	Branch Manager
– razón social de la empresa	Financial Bank plc
– nombre del edificio	Money House
– número y calle	45 Highway Avenue

– *nombre de la ciudad* Banbury
– *nombre de la provincia y código* Oxfordshire AP7 5RT
En Estados Unidos la dirección del destinatario se redacta de la misma manera, pero el nombre de la ciudad, el estado y el código postal aparecen en la misma línea : Cleveland, Ohio 44567.
La puntuación tiende a simplificarse cada vez más; comas y puntos se consideran superfluos en la dirección.
Road, Avenue, Street, etc. *deben aparecer completas y no abreviadas* Rd, Av, St.

La fecha
No se debe abreviar la fecha (5/1/93). Se escribe en el siguiente orden: día, mes, año. Por ejemplo : 1 January 2000 *o* 1st January 2000 *o* 1 Jan. 2000 (*o en Estados Unidos,* January 1, 2000).
No es indispensable añadir st, nd, rd, th, *después del número de la fecha.*

Los tratamientos
Mr. *para hombre*
Mrs. *para una mujer casada*
Miss. *para una mujer soltera (en desuso)*
Ms. *para una mujer cuyo estado desconocemos (cada vez más generalizado para evitar la distinción entre* Mrs *y* Miss*)*
Messrs. *para dos o más hombres*
Si no conoces el nombre del destinatario, indica su cargo en la empresa (the Export Manager) *o el nombre del departamento al que pertenece* (The Sales Department), *o simplemente la razón social de la empresa.*

Encabezamiento y fórmulas de despedida
Relaciones formales o de trabajo:
Dear Sir, *para un hombre si no conocemos su nombre*
Dear Sir/Madam, *para una persona de la que no conocemos ni el nombre ni el sexo.*

Dear Sirs, *cuando se dirige a una empresa*
Dear Madam, *para una mujer (casada o soltera) si no conocemos el nombre*
(En Estados Unidos, se escribe: Dear Sir: *y* Gentlemen:)

Encabezamiento	*Despedida*
Dear Mr/Mrs/Ms X	Yours sincerely
Dear Sir/Madam/Sirs	Yours faithfully
En Estados Unidos :	
Sirs	Respectfully yours
Gentlemen	Respectfully
Ladies and Gentlemen	Very respectfully
	Sincerely yours

• *Relaciones menos formales :*

Dear Mr X
Dear Mrs Y } *para una persona de la que conocemos el nombre*
Dear Ms Z

Las iniciales de la persona nunca deben figurar en el encabezamiento.

Encabezamiento	*Despedida*
Dear Mr/Mrs/Ms X	Yours truly
Dear Mr/Mrs/Ms X	Yours sincerely
En Estados Unidos:	
	Very truly yours
	Yours very truly
	Yours truly
	Sincerely yours
	Yours cordially
	Most sincerely
	Yours sincerely

• *Relaciones personales :*
Dear Mr Brown
Dear George
My dear George/Mr Brown
(Igual en Estados Unidos que en Gran Bretaña)

Encabezamiento	*Despedida*
Dear George/Dear Mr X	Best regards
(My) Dear George	(With) Best wishes
Dear Mrs Brown	Yours,
En Estados Unidos :	
	As ever
	Best wishes
	Best regards
	Kindest regards
	Kindest personal regards
	Regards

¡FÍJATE! :
Solamente la primera palabra de la despedida empieza con mayúscula. Regards *se utiliza a menudo como despedida en telex o fax.*

La firma

La despedida va seguida de la firma, que a su vez va seguida por el nombre de la firma, título, y generalmente cargo dentro de la empresa :
Yours faithfully,
J. King (Mrs)
Sales Manager
(*Si no se menciona el título, se trata generalmente de un hombre.)*

La rúbrica debe aparecer acompañada del nombre escrito:
Yours faithfully
Peter J Smith *o* : Peter John Smith *o:* P J Smith *o* : P. Smith
Así se podrán dirigir a esta persona en la carta de contestación.

Las abreviaturas y posdatas

• *Arriba a la izquierda, debajo del membrete o encima de la dirección del destinatario, se alínea con la fecha :*
Ref = *La referencia del remitente, normalmente compuesta por las iniciales del autor y de su secretaria, seguida por un número de fichero, de cuenta o de cliente. Ejemplo :* SJG/AD 567
Our ref : = *La referencia del remitente (ver arriba)*
Your ref : = *La referencia del remitente retomada por el destinatario en su contestación.*

• *Para señalar el destinatario:*
For the attention of Mr X *o* Attention : Mr X, *para insistir en el nombre del verdadero destinatario. Y, eventualmente,* to whom it may concern *para alguien desconocido ("a quien pueda interesar")*

• *Después del encabezamiento, el motivo de la carta :*
ACCOUNT No. 556378 *(la carta se refiere a la cuenta citada).*
Grant's & Co. Ltd *(la carta trata de la sociedad indicada).*
Water supplies in India *(motivo de la carta).*

• *Abajo a la izquierda, debajo de la firma :*
PS = *utilizado en cartas informales para añadir un elemento olvidado en el cuerpo de la carta (generalmente escrito a máquina).* Enc(s) *o* Encl(s) = *indica la información (presupuestos, catálogos, talón...) adjunta a la carta (P.J.).*
cc = *indica el nombre de las personas que han recibido una copia de la carta.*

• *Entre la despedida y la firma, o entre la rúbrica y el nombre escrito :*
pp = *"por poderes", indica que la persona que ha firmado la carta está legalmente autorizada a firmar en nombre de la empresa o por cualquier otra persona.*

Estilo y presentación

• *El cuerpo de la carta empieza en la primera línea después del encabezamiento, existen dos tipos de presentación de la página: el estilo alineado (cada párrafo comienza con su primera línea entrada) y el estilo en bloque, en el que todos los párrafos empiezan en el margen izquierdo. La presentación en bloque es, de todas formas, la más corriente.*

• *Una carta de negocios debe ser, ante todo, simple: utiliza frases cortas para introducir una nueva idea o un punto importante. Puedes empezar las frases con* I *o* We, *para evitar las estructuras complicadas; esta práctica, anteriormente prohibida, se acepta ahora a condición de no abusar de ella.*

• *Algunas expresiones, anteriormente obligatorias, ahora se consideran desfasadas y debe evitarse su uso :*
En vez de We beg to advise you your consignment has been despatched, *utiliza* Your consignment has been despatched.
En vez de Enclosed please find, *utiliza* Enclosed is *o* We enclose.
En vez de We are in receipt of, *utiliza* We have received.
En vez de At your earliest convenience, *utiliza* As soon as possible.

• *Por otra parte, no utilices las formas contractas de* I would (I'd), I will (I'll), will not (won't), do not (don't), cannot (can't), have not (haven't) *etc. que pertenecen a la lengua hablada.*

• *Utiliza la tercera persona y la pasiva, si es posible. Ejemplo :*
Your order is being processed *(su pedido está en curso) mejor*

que Someone is processing your order. *Esta técnica, además de ser más formal, permite hablar en nombre de la empresa, en vez de en el de una persona concreta, hay que evitar un tono acusador, y no ser tan preciso. Es más diplomático adoptar este estilo indirecto, especialmente cuando se trata de hacer una reclamación o una queja:*
A mistake has been made in our order : *en nuestro pedido se ha cometido un error (merjor que* You have made a mistake in our order).

El sobre

En el sobre puede aparecer la dirección del destinatario con las abreviaturas de Road (Rd), Avenue (Av), *y* Street (St).
El nombre de la ciudad y el país se escriben en mayúsculas y el código postal en línea aparte :
SHEFFIELD
Yorkshire FG2 5ST
UNITED KINGDOM

En el sobre pueden figurar ciertos avisos :

Air mail	*Por avión*	Confidential	*Confidencial*
Express	*Expreso*	To be called for	*A recoger*
Urgent	*Urgente*	Please forward	*Entregar*
Registered	*Certificado*	Sample	M*uestra*
Private	*Personal*	Fragile	*Frágil*
Personal	*Personal*	Printed matter	*Impresos*

Estas expresiones aparecen en el ángulo superior izquierdo.

Una carta modelo

LUXIPHONE
C/ Capitán Alba, 10
45005 Toledo

Your ref: GH/RN
Our ref: DST/P 556

Hi-Tech Productions Ltd
Brooks House
56 George Street
Oxford OX1 6PQ

20th August 19...

Attention: Mr J. Brown

Dear Sirs,

ACCOUNT No.44556678

Enclosed is a cheque for £90 in payment of Invoice No.789 to be credited to the above account. We look forward to receiving an updated statement.

Yours faithfully,

David Miller
Export Manager

Enc.

1 HACER RESERVAS

El Sr. Miller va a representar a su empresa Luxiphone, fabricante de teléfonos de lujo, en la Feria Internacional de Telecomunicaciones en Birmingham. Él mismo se ocupa de organizar su viaje.

Ayuda al Sr.Miller a redactar la carta para reservar su habitación de hotel :

1. *Encabezamiento :*
   – Dear Sir
   – To whom it may concern
   – Dear Sir/Madam

2. *Expresar un deseo :*
   – I require
   – I would like to
   – I want to

3. *"Reservar" una habitación se dice :*
   – to book
   – to reserve
   – to hire

4. *¿Cuál es la preposición adecuada?*
   – in the week
   – during the week
   – for the week

5. *Expresar un deseo/una necesidad :*
   – I require
   – I would be interested in
   – It would be nice to have

6. *Pedir confirmación :*
   – I should be grateful if you would confirm
   – thank you for confirming
   – please confirm

7. *"Lo antes posible" :*
   – as soon as possible
   – very quickly
   – at your earliest convenience

8. *¿Cómo pedir las tarifas?*
   – show me
   – give me an indication of
   – give me information on

9. ¿Cómo formular una hipótesis?
- should you have no vacancies
- if you haven't got any rooms
- if there is no space left

10. Despedida :
- Yours faithfully
- Yours truly
- Yours sincerely

D. Miller
C/Capitán Alba,10
45005 Toledo

4th February 19...

Paradise Hotel
155 Bourneville Rd
Birmingham

(1) ......,

(2) .... (3) .... a single room at your hotel (4) .... of 19th-26th February. (5) .... a room with a view of the gardens, a telephone, and a private bathroom with shower.

(6) .... my booking (7) ...., and if you could (8) .... your rates per night including breakfast.

(9) ...., please could you give me the address of a suitable hotel in the Birmingham area.

(10) ....,

D. Miller

D. Miller

(1) **Dear Sir/Madam,**

(2) **I would like** (3) **to book** a single room at your hotel (4) **for the week** of 19th-26th February. (5) **I require** a room with a view of the gardens, a telephone, and a private bathroom with shower.
(6) **I should be grateful if you would confirm** my booking
(7) **as soon as possible,** and if you could (8) **give me an indication of** your rates per night including breakfast.
(9) **Should you have no vacancies,** could you please give me the address of a suitable hotel in the Birmingham area.

(10) **Yours faithfully.**

¿CÓMO SE DICE?

- **Anunciar una intención (hacer reservas)**

  I would like to book : *querría reservar*
  I would be interested in booking : *desearía hacer una reserva*
  I am writing to you (in order) to... : *me dirijo a Ud. para...*
  I am looking for a suitable hotel near the airport : *busco un hotel confortable cerca del aeropuerto*

- **Reservar /alquilar**

  To book/to reserve a single/double room : *reservar una habitación individual/doble*
  I would like to reserve the presidential suite : *querría reservar la suite presidencial*
  We have booked a table for three : *hemos reservado mesa para tres (restaurante)*
  Have you reserved seats for the theatre? : *¿has reservado entradas para el teatro?*
  I would like to reserve two seats on the next flight to New York : *querría reservar dos billetes para el próximo vuelo a Nueva York*

To rent a flat, a room, a car : *alquilar un apartamento, una habitación, un coche*
To hire a car, a boat, a bicycle : *alquilar un coche, un barco, una bicicleta*

- **Expresar una necesidad, un deseo**
  I need... : *necesito...*
  I would like... : *me gustaría ...*
  I would be interested in... : *me interesaría...*
  I would be grateful for... : *(le) agradecería que...*
  I should be grateful if you would... : *le agradecería que...*
  Could you supply me with... ? : *¿podría facilitarme... ?*

- **Indicar un período de tiempo**
  For the week of 19th-26th February : *para la semana del 19 al 26 de febrero*
  For the month of May : *para el mes de mayo*
  For five weeks as from 20th July : *para cinco semanas a partir del 20 de julio*
  For this/next/the coming weekend : *para este/el próximo fin de semana*
  For the Easter/Summer holidays : *para las vacaciones de Semana Santa/ verano*
  From 19th to 26th February : *del 19 al 26 de febrero*
  From 2nd May onwards : *a partir del 2 de mayo*

- **Describir una habitación**
  A room with a view : *una habitación con vistas*
  A room which looks out onto the courtyard/the garden : *una habitación que dé al patio/ jardín*
  A room which faces the sea : *una habitación que dé al mar*
  A south-facing room : *una habitación que dé al sur*
  An air-conditioned room : *una habitación con aire acondicionado*

A room :	*una habitación :*
... with plenty of light :	*... con mucha luz*
... with bath and shower :	*... con baño y ducha*
... with air conditioning :	*... con aire acondicionado*
... with a child's bed :	*... con cama supletoria*

- **Pedir confirmación**
  I should be grateful if you would confirm : *le agradecería me confirmara*
  Please confirm : *por favor confirme*
  I should be obliged if you would confirm this reservation : *le agradecería confirmara esta reserva*

- **Pedir una respuesta rápida**
  As soon as possible : *lo antes posible*
  At your earliest convenience : *en cuanto le sea posible (un poco en desuso)*
  By return post : *a vuelta de correo*

- **Pedir precios, tarifas**
  I would be grateful if you could indicate your rates : *le agradecería me indicara sus tarifas*
  I would like to know your daily rates : *querría saber sus precios por día*
  Please send us your price list : *por favor, envíenos su lista de precios*
  I would like to know what you charge for... : *querría saber cuanto cuesta*

- **Modalidad de alojamiento**
  Including breakfast : *desayuno incluido*
  Breakfast and evening meal included : *desayuno y cena incluidos*
  Full board, half board :*pensión completa, media pensión*
  Bed and Breakfast : *habitación y desayuno*
  BB and EM : *habitación, desayuno y cena*

- **Formular una hipótesis negativa**
  Should you have no vacancies : *en caso de que no tuvieran habitaciones*
  If you have no vacancies : *si no tienen habitaciones disponibles*
  No vacancies : *completo*
  Should you have no accommodation available : *si no tienen ninguna habitación disponible*

¡NO OLVIDES!

– En inglés, "reservar" se puede expresar **to reserve** o **to book**:
to reserve a table/to book a table ; to reserve seats at the theatre/to book seats at the theatre.
Sin embargo, **to book** es más corriente, especialmente en la expresión **to book a flight to New York** (reservar un billete de avión a Nueva York).
– Distingue **to rent (an appartment)** que se aplica especialmente a períodos largos y **to hire (a car)** que se utiliza más para vehículos y objetos. Observa que alquilar el propio piso a otra persona se expresa así: **to let one's appartment.** Asimismo, si se alquila la bicicleta propia se dice **to hire out one's bicycle.**
– Recuerda las preposiciones: **to book a room AT your hotel ; I would be grateful FOR an indication of... ; AT your earliest convenience.**
– Observa que en las expresiones siguientes los sustantivos no van precedidos de artículo: **a room with () bath and () shower ; including () breakfast.**

¡Ahora tú!

• I... to... a car... (month) May. I... if you could send me your... (day) for a small four-seater car, and an indication... the current... of petrol in Spain.

• *Completa el siguiente anuncio aparecido en el periódico:*
"FOR... : beautiful villa on the island of Jersey. Four bedrooms, each... private bathroom; spacious lounge which... the sea ; swimming pool... diving board."

Responde al anuncio anterior :
Having seen... advertisement... villa in Jersey, I... interest... for... 1st-30th September. ... (confirm) at your... whether this... be possible.

• I... lawnmower*... weekend. I... grateful if you... send some information on the different models available, as well as... of your... day.
** cortacésped*

• I am... in order to... a flight... Barbados... 10th July. I will be travelling with my wife and two children, and therefore will... four... We... to travel first class. I... if you would confirm... soon... possible, as I must also make arrangements to... a car for our stay.

2 CONCERTAR UNA CITA

David Miller se acuerda de que su viejo amigo George vive en la ciudad de Birmingham, y decide aprovechar su viaje para hacerle una visita. Le escribe, pues, para anunciarle su próxima llegada y proponerle un lugar y una hora de encuentro.

CITAS PERSONALES

Ayuda a David Miller a redactar su carta, eligiendo entre los siguientes términos :

1. ***Encabezamiento :***
   - Dear Mr Grayson
   - Dear Sir
   - Dear George

2. ***"Tengo que" :***
   - I am hoping to be
   - I am due to be
   - I am likely to be

3. ***"Por negocios" :***
   - on business
   - for business
   - to do business

4. ***¿Cuál es la forma verbal correcta?***
   - we could meet
   - we have met
   - we would meet

5. ***Sugerir :***
   - maybe
   - how about
   - may I suggest

6. ***Proponer una fecha :***
   - Tuesday
   - the Tuesday
   - on Tuesday

7. ***Pedir una respuesta :***
   - let me know
   - tell me
   - contact me

8. ***Si "te va bien" :***
   - this is convenient for you
   - this suits you
   - this is comfortable for you

9. ***Sugerir otra idea :***
   - come to some other arrangement
   - come to an agreement
   - do something else

10. ***Fórmula para concluir:***
   - I look forward to
   - looking forward to
   - I hope to

11. ***Despedida :***
   - Yours sincerely
   - Regards
   - With best wishes

C/Capitán Alba, 10
45005 Toledo

10th February 19...

(1) ....,

(2) .... in Birmingham next week (3) ...., and I was wondering if we (4).......... somewhere for dinner; it seems such a long time since we last saw each other. (5).......... the White Horse Inn (6).......... at 8?

(7) .... during the week whether (8) .... If you cannot make it maybe we can (9)..........

(10) .... seeing you again!

(11) ....,

David

CITAS FORMALES

Ayuda a David Miller a concertar su cita de negocios :

Uno de los principales clientes de Luxiphone tiene su sede en Birmingham. El Sr. Miller quiere concertar una cita con su contacto de esta empresa, la Sra. Johnson, para mostrarle los nuevos modelos de Luxiphone.

1. ***Encabezamiento :***
   - Dear Sir/Madam
   - Dear Angela
   - Dear Mrs Johnson

2. ***Para referirse a un contacto anterior :***
   - as mentioned in
   - with reference to
   - in view of

3. ***"Debo estar..." :***
   - I am likely to be
   - I am planning to be
   - I hope to be

4. ***Para atraer la atención del lector :***
   - you may be conscious
   - you may be interested to know
   - you must know

5. ***¿Qué pronombre puede representar a la empresa ?***
   - I ... have recently
   - we ... have recently
   - they ... have recently

6 ***Hacer una sugerencia :***
   - may I suggest
   - how about
   - I propose

7. ***Formular una hipótesis :***
   - should this not be
   - if this is not
   - in case this is not

8. ***Pedir confirmación :***
   - please confirm
   - you should confirm
   - would you kindly confirm

9. ***"Por favor, no duden en contactar conmigo " :***
   - I remain at your disposal
   - please do not hesitate to contact me
   - I am available

LUXIPHONE
C/Capitán Alba,10
45005 Toledo

Our ref: DM/SW

Mrs A. Johnson
Electron Ltd
25 St James Street
Birmingham B25 8HO

10th February 19...

(1) ....,

(2) .... my letter of January 12th,
(3) .... in Birmingham next week for the International Telecommunications Fair. (4) .... that (5) .... have recently brought out a number of new models, and I would have great pleasure in demonstrating them to you at some point during the week. (6) .... Tuesday 18th at four o'clock at your office?
(7) .... convenient, you might like to propose an alternative arrangement. (8) .... confirm this appointment as soon as possible.
(9) .... should you have any further queries regarding our products.
I look forward to our next meeting.

Yours sincerely,

David Miller

David Miller
Export Manager

CITA PERSONAL

(1) Dear George,

(2) I am due to be in Birmingham next week **(3) on business,** and I was wondering if we **(4) could meet** somewhere for dinner; it seems such a long time since we last saw each other. **(5) How about** the White Horse Inn **(6) on Tuesday** at 8?
(7) Let me know during the week whether **(8) this suits you.** If you cannot make it maybe we can **(9) come to some other arrangement.**
(10) Looking forward to seeing you again!

(11) With best wishes,

CITA DE NEGOCIOS

(1) Dear Mrs Johnson,

(2) As mentioned in my letter of January 12th, **(3) I am planning to be** in Birmingham next week for the International Telecommunications Fair. **(4) You may be interested to know** that **(5) we** have recently brought out a number of new models, and I would have great pleasure in demonstrating them to you at some point during the week. **(6) May I suggest** Tuesday 18th at four o'clock at your office?
(7) Should this not be convenient, you might like to propose an alternative arrangement. **(8) Would you kindly** confirm this appointment as soon as possible.
(9) Please do not hesitate to contact me should you have any further queries regarding our products.
I look forward to our next meeting.

Yours sincerely,

¿CÓMO SE DICE?

- **Para referirse a una carta anterior (formal)**

  As mentioned in my letter of... (date) : *como mencioné en mi carta del...*
  With reference to my letter of... : *con referencia a mi carta del*
  We refer to our letter of... : *hacemos referencia a nuestra carta del...*

- **Anunciar una intención, un proyecto**

  I am due to/I am to : *debo.../debería*
  I am planning to : *tengo previsto...*
  I am likely to : *es probable que (yo)...*
  I hope to... /I expect to : *espero...*
  I intend to : *tengo la intención de...*

- **Anunciar un suceso, confirmar un hecho (formal)**

  You may be interested to know that : *para su información*
  You may be aware that : *como sabrá*
  It may have come to your attention that : *habrá notado que*
  We are pleased to inform you that : *tenemos el placer de anunciarle que*

- **Formular una hipótesis negativa, considerar un inconveniente**

  Should this not be convenient (for you) : *en caso de que esto no sea conveniente (para Ud.)*
  Should you be unavailable at this time : *en caso de que Ud. no esté disponible*

  Más informal

  If this is not convenient for you/suitable : *si esto no te fuera bien*
  If this does not suit you : *si esto no te va bien*
  If this does not fit in with your plans/schedule : *si no encaja dentro de tus planes*

- **Proponer una demostración/servicio**

  I would be pleased to : *estaría encantado de*
  I would be grateful for/glad of the opportunity to : *agradecería tener la ocasión de*
  I would gladly : *me complacería*

- **Pedir una respuesta/confirmación**

  Formal

  Would you kindly confirm/reply : *podría confirmar/contestar*
  I would be obliged/grateful if you would confirm/reply : *le agradecería que confirmara/respondiera*
  Please confirm/reply/inform me whether/if : *rogamos confirme/conteste/infórmeme si*

  Informal

  Let me know whether/if : *hazme saber si*
  Tell me whether/if that is O.K. with you : *dime si te va bien*

- **Ponerse a disposición del destinatario**

  Formal

  Please do not hesitate to contact me/us (should you have any further queries /should you require any further information) : *no dude en ponerse en contacto conmigo/con nosotros (si tiene alguna duda/si necesita más información)*
  We look forward to hearing from you : *quedamos a la espera de sus noticias*

  Informal

  (I am) looking forward to seeing you : *espera verte pronto*
  I can't wait to see you : *tengo muchas ganas de verte*

¡NO OLVIDES!

– En las estructuras gramaticales **I am planning to be in Montreal next week,** y **I am travelling to China next month,** el presente continuo (**to be** + verbo en **-ing**) toma un valor de futuro ya que en ambos casos se anticipa una acción futura.
¡Ojo! no se utiliza artículo en las expresiones **next month, next week...**
– Recuerda las preposiciones :
ON Tuesday (martes)
AT four o'clock (a las cuatro)
– Distingue entre **if** y **whether.** Aunque a menudo son equivalentes, estos dos términos presentan una ligera diferencia en ciertos casos : **whether** puede implicar la necesidad de una elección (**whether it suits you OR NOT**), mientras que **if** es más concreto y sólo expresa una condición (**let me know if** – si, y solamente si – **you cannot come**).
– OBSERVA la manera de recordar la fecha de una carta anterior : **my letter of January 12th.** Asimismo son válidas las expresiones :
– **my letter of 12th January**
– **my letter of January 12**
– **my letter dated January 12th.**

¡Ahora tú!

CARTAS INFORMALES

• I... to be in Somerset... June... Flower Festival. .... we could meet somewhere... lunch... the Bull Inn... Friday... 2?

• I... (due)...travelling to Dhaka... Monday... we could meet there... the evening... (suggest) the Hilton Hotel... 7 in the lobby.

• *Anuncias a tu amigo William tu próximo viaje a Londres. Propónle quedar delante de la estación Victoria el lunes 8 de marzo a las nueve.*

CARTAS FORMALES

• As...(refer to) my letter...(date) I... in London... (week). I... opportunity to present our new catalogue. ... I suggest 5th May... 3 pm. Should... available on this date, you... propose an alternative arrangement.

• I... due to travel to Kent... 15th March. The purpose of my trip... to visit our installations in the region. I... pleasure... meeting you during my stay. ... suggest 17th March... five o'clock. ... confirm... you... available at this time.

3 CONFIRMAR UNA RESERVA

El Sr.Miller recibe la respuesta a su primera carta, confirmando la reserva de la habitación de hotel que había solicitado.

Reconstruye la respuesta del hotel con la ayuda de los términos siguientes :

1. ***Encabezamiento :***
   - Dear Sir
   - Dear Mr Miller
   - Dear Sir/Madam

2. ***Acuse de recibo de la demanda :***
   - thank you for your letter
   - thanks a lot for your letter
   - we are in reception of your letter

3. ***Recordar el objeto de la demanda :***
   - requesting us to book
   - demanding a booking
   - asking for a reservation

4. ***¿Cuál es el tiempo verbal correcto?***
   - I have reserved
   - I would have reserved
   - I am reserving

5. ***¿Cuál es la preposición correcta?***
   - for
   - on
   - at

6. ***"Le agradecería que ..." :***
   - I should be grateful if
   - I should recognise you if
   - I should be pleased if

7. ***Pedir un adelanto***
   - forward a deposit
   - send a guarantee
   - enclose a fine

8. ***Confirmar la reserva :***
   - to confine
   - to restrict
   - to confirm

9. *Estar "a la espera de ... " :*
   - look forward to
   - can't wait to
   - look after

10. *Despedida:*
    - Yours truly
    - Yours sincerely
    - Best regards

Paradise
hotel
Bourneville Road
Birmingham B25 S10

Our ref: BK 108
Your ref: DM/SJ

Mr D. Miller
c/ Capitán Alba, 10
45005 Toledo

10th February 19...

(1) ....,

(2) .... of 4th February (3) .... a single room with bath and shower and a view of the gardens.

(4) .... the accommodation you describe
(5) .... the period you require, and
(6) .... you would (7) .... of £20 as soon as possible (8) .... the reservation.

We (9) .... your stay with us.

(10) ....,

Marion Hunter

Marion Hunter
Reservations Manager

(1) **Dear Mr Miller,**
(2) **Thank you for your letter** of 4th February (3) **requesting us to book** a single room with bath and shower and a view of the gardens.
(4) **I have reserved** the accommodation you describe (5) **for** the period you require, and (6) **should be grateful** if you would (7) **forward a deposit** of £20 as soon as possible (8) **to confirm** the reservation.
We (9) **look forward to** your stay with us.

Yours sincerely,

En caso de una respuesta negativa del hotel, el primer párrafo sería probablemente el mismo. Completa el resto de la carta con la ayuda de los términos siguientes:

1. ***Anunciar que está completo:***
   – we are overbooked
   – we are fully booked
   – we are full

2. ***Hacer una sugerencia:***
   – we may suggest
   – we are able to recommend
   – we propose

3. ***Anunciar un pequeño inconveniente:***
   – it has the disadvantage
   – it has the serious problem
   – it has the slight inconvenience

4. ***Mostrarse seguro de algo:***
   – no doubt
   – I am confident
   – I am certain

5. ***Garantizar la satisfacción del cliente:***
   – to your total satisfaction
   – quite satisfactory
   – not bad

6. ***"A su entera disposición":***
   – at your disposition
   – at your disposal
   – at your service

Paradise hotel
Bourneville Road
Birmingham B25 S10

Mr D. Miller
c/ Capitán Alba, 10
45005 Toledo

10th February 19...

Dear Mr Miller,

Thank you for your letter of 4th February requesting us to book a single room with bath and shower and a view of the gardens.

Unfortunately (1) .... for the period you require because of the International Telecommunications Fair. However, (2) .... an alternative hotel, also a member of the Palace chain of hotels. Although (3) .... of being located on the outskirts of the city, (4) .... you will find the hotel (5) .... and its surroundings most pleasant.
The address to which to write is:
Regency Hotel, 182 Brompton Road, Birmingham.

(6) .... for any future reservations you might wish to make.

Yours sincerely,

Marion Hunter
Reservations Manager

Dear Mr Miller,
Thank you for your letter of 4th February requesting us to book a single room with bath and shower and a view of the gardens.
Unfortunately **(1) we are fully booked** for the period you require because of the International Telecommunications Fair. However, **(2) we are able to recommend** an alternative hotel, also a member of the Palace chain of hotels. Although **(3) it has the slight inconvenience** of being located on the outskirts of the city, **(4) I am confident** you will find the hotel **(5) to your total satisfaction** and its surroundings most pleasant.
The address to which to write is: [.....]
(6) We remain at your service for any future reservations you might wish to make.

Yours sincerely,

¿CÓMO SE DICE?

• Acuse de recibo de una carta
Thank you for your letter of...(date) in which you request us to... : *agradecemos su carta del ... en la cual nos pedía que ...*
In reply to your letter of... : *en respuesta a su carta del ...*
With reference to your enquiry of... : *en referencia a su carta del ...*

• Confirmar una reserva, un alquiler
We write to confirm your telephone call this morning in which you requested us to book two business class seats on the next flight to Tokyo. Enclosed are the tickets and invoice : *por la presente confirmamos su llamada telefónica de esta mañana en la que nos pedía reserva de dos billetes de avión en clase*

preferente en el próximo vuelo a Tokio. Adjuntamos los billetes y la factura.

This is to confirm our telephone conversation of... in which I booked a double room and two single rooms for four nights in the name of Mr Hamilton. Enclosed is a cheque for £20 to cover the deposit : *por la presente confirmo nuestra conversación telefónica del ... en la que reservé una habitación doble y dos habitaciones individuales para cuatro noches a nombre de Mr. Hamilton. Adjunto un talón por valor de 20 libras en concepto de depósito.*

I have reserved the accommodation you describe for the week 5th–12th January : *he reservado el alojamiento descrito para la semana del 5 al 12 de enero.*

We write to confirm availability of an estate car for the period 4th-25th August. Please find enclosed our current rates and conditions of hire : *confirmamos la disponibilidad de un coche familiar para el período del 4 al 25 de agosto. Adjuntamos nuestras tarifas actuales y condiciones de alquiler.*

We are pleased to confirm your reservation of a holiday villa from 1st-30th June inclusive. We enclose a detailed description of how to reach the holiday complex : *nos complace confirmar la reserva de un chalet del 1 al 30 de junio ambos incluidos. Adjuntamos una descripción detallada de la ruta para llegar al complejo turístico.*

• **Demandas que no pueden ser atendidas**

We regret to inform you that we are fully booked throughout the month of May : *lamentamos comunicarle que no hay plazas disponibles durante todo el mes de mayo.*

Unfortunately, there are no seats left for Saturday evening's performance of The Tempest : *sentimos comunicarle que no quedan localidades para la representación del sábado noche para The Tempest.*

I am afraid there are no more places available for the next trip to Amsterdam : *lamento comunicarle que no quedan plazas*

disponibles para el próximo viaje a Amsterdam.
We regret to inform you that we have no estate cars available for the weekend of 4th-7th July : *lamentamos informarle que no disponemos de coches familiares para el fin de semana del 4 al 7 de julio.*

• Proponer una alternativa
May I suggest you contact the Sunrise Hotel (address below) who may be able to offer you suitable accommodation for the period you require : *nos permitimos sugerirle que contacte con el Sunrise Hotel (dirección abajo) que tal vez pueda ofrecerle alojamiento apropiado para el período que Vd. requiere.*
We can, however, offer you five seats for the matinee on Saturday : *podemos, sin embargo, ofrecerle cinco localidades para la representación del sábado por la mañana.*
May I suggest that in future you book at least one month in advance, as this is a very popular excursion : *le sugiero que en el futuro haga la reserva al menos con un mes de antelación, dada la popularidad de esta excursión.*
We suggest you contact one of the other branches in the area who may be able to help you : *le sugerimos contacte con una de nuestras sucursales en la región, que tal vez puedan ayudarle.*

¡NO OLVIDES!

– El hotel podría haber respondido de forma más simple con la frase **We write to confirm,** ej. :
Thank you for your letter of... We write to confirm your reservation of a single room with bath and shower and a view of the gardens, for the week 16th-21st February.

– Fíjate en la ausencia de la preposición **of** entre **week** y la fecha.

– Observa que se dice **a view OF** para "una vista de" y que "una habitación con vistas" se dice **a room with a view.**

¡Ahora tú!

• We... to inform you... there are no bicycles... for the period you require. We... you contact the Cambridge Bicycle Centre who... to help you.

• I write... your reservation of three first... seats on Friday's flight... Bangkok, ... on 30th July. Please... (enclose) your tickets and our invoice.

• ... for your letter of 7th May. We... (pleased confirm) your reservation... a six-berth yacht... 4th June... 3rd July... our charges and our conditions of hire.

• We regret... inform you... Dolpin Hotel... fully booked... the month of August. Please advise immediately if... wish us to reserve alternative accommodation.

• As per... telephone conversation... 13th April, we... (confirm) your reservation... package tour... India... two people.

4 CONFIRMAR UNA CITA

ACEPTAR UNA CITA DE NEGOCIOS

El Sr. Miller se alegra al abrir su correspondencia y ver que las dos personas a las que escribió para concertar una cita, pueden recibirle cuando vaya a Birmingham.

Reconstruye la respuesta afirmativa de la Sra. Johnson al Sr. Miller :

1. ***Encabezamiento :***
   – Dear Mr Miller
   – Dear Sir/Madam
   – Dear David

2. ***¿Qué forma de dar las gracias es aquí la más adecuada ?***
   – thanks a lot
   – thank you
   – I am most grateful

3. ***Confirmar :***
   – I would like to confirm
   – I agree
   – I give confirmation

4. ***Expresar disponibilidad :***
   – will be available
   – am ready
   – will be disposable

5. ***¿Qué preposición ?***
   – on
   – at
   – in

6. ***Confirmar la hora de la cita :***
   – at the hour you suggest
   – any time you like
   – at the time you propose

7. ***Despedida :***
   – Yours sincerely
   – Regards
   – Yours truly

ELECTRON Ltd.
25 St James Street
Birmingham B25 8HO

Mr Miller
Luxiphone
C/ Capitán Alba, 10
45005 Toledo

Your ref: DM/SW
Our ref: AJ/PW

18th February 19...

1) ....,

(2) .... for your letter of 10th February.
(3) .... that I (4).................... to see you (5)
.... my office on Tuesday 18th (6)
....

(7) ....,

Angela Johnson

(1) Dear Mr Miller,

(2) Thank you for your letter of 10th February. **(3) I would like to confirm** that **(4) I will be available** to see you **(5) at** my office on Tuesday 18th **(6) at the time you propose.**
(7) Yours sincerely,

APLAZAR UNA CITA FORMAL

En caso de que la Sra. Johnson no pueda aceptar la cita, ¿cómo tiene que redactar su carta?

1. ***Disculparse :***
   – I am regretful
   – I regret
   – sorry

2. ***"No estaré disponible" :***
   – I shall not be disposed
   – I shall not be available
   – I shall not be disposable

3. ***¿Qué preposición ?***
   – owing to
   – owing at
   – owed of

4. ***Hacer una sugerencia :***
   – my proposal is
   – it is my suggestion
   – may I suggest

5. ***Aplazar una cita :***
   – adjourn the meeting
   – postpone the appointment
   – put off the interview

6. ***¿Qué preposición ?***
   – on the same time
   – at the same time
   – in the same time

7. ***Pedir una respuesta rápida :***
   – receiving an early confirmation
   – receiving a reply quickly
   – your rapid response

ELECTRON Ltd.

25 St James Street
Birmingham B25 8HO

Mr Miller
Luxiphone
C/ Capitán Alba, 10
45005 Toledo
Your ref: DM/SW
Our ref: AJ/PW

18th February 19...

Dear Mr Miller,

With reference to your letter of 10th February, (1)........................ to inform you that (2).......................... to meet you on Tuesday 18th February (3).................... a company meeting. However, (4)......................... we (5)....................... to the following day (6)..............................

I look forward to (7)...........................

Yours sincerely,

Angela Johnson

APLAZAR UNA CITA FORMAL

Dear Mr Miller,

With reference to your letter of 10th February, **(1) I regret** to inform you that **(2) I shall not be available** to meet you on Tuesday 18th February **(3) owing to** a company meeting. However, **(4) may I suggest** we **(5) postpone the appointment** to the following day **(6) at the same time.**

I look forward to **(7) receiving an early confirmation.**

Yours sincerely,

CONFIRMAR UNA CITA INFORMAL

Compara la carta de la Sra. Johnson con la respuesta de George que tiene un tono muy diferente :

Birmingham,
10th February

Dear David,

Thanks a lot for your letter. **It would be lovely to see you** when you come over to Birmingham next week. The White Horse Inn sounds an excellent idea. **Tuesday at 8 is fine by me**. I've invited some friends to come along too.

Yours ever,

¿CÓMO SE DICE?

• Referirse a una carta anterior

Informal

Thanks a lot for your letter : *gracias por tu carta*

Formal

Thank you for your letter of... : *hemos recibido su carta del...*
With reference to your letter of... : *en referencia a su carta del...*

• Confirmar una cita

Informal

It would be lovely to see you : *estaré encantado de verte*
That sounds an excellent idea : *me parece una buena idea*
Monday at 3 is fine by me : *me va bien el lunes a las tres*

Formal

I would like to confirm (that I will be available to see you/have dinner with you/meet you) : *querría confirmar (que estaré disponible para verle/cenar con Vd./reunirme con Vd.*
I should like to confirm our meeting/our appointment :*querría confirmar nuestra reunión/nuestra cita*
This is to confirm the appointment we made on... : *por la presente confirmamos la cita prevista para...*

• Rechazar/modificar una cita

Informal

I'm afraid I won't be able to come, as I have something else on : *lo siento, pero no podré venir porque ya he quedado*
Sorry, but I am busy on that day. How about the week after? : *lo siento, pero estoy ocupado ese día. ¿Qué tal la semana siguiente?*

Formal

I regret to inform you that... : *lamento informarle que...*

I am unavailable on that day; I suggest we postpone the meeting to the following week : *no estaré disponible ese día; propongo que aplacemos la cita hasta la semana siguiente*
I am afraid that I am obliged to change the date of our meeting, due to a problem with... : *lamento tener que cambiar la fecha de nuestra cita, debido a un problema con ...*
Unfortunately, I will be out of the country for two weeks; may I suggest I get in touch with you on my return to arrange another appointment : *desgraciadamente estaré fuera del país durante dos semanas; si le parece bien, a mi vuelta me pondré en contacto con Vd. para concertar otra cita*
I wonder if we could postpone the meeting to four o'clock on the same afternoon. I apologize for the inconvenience : *me pregunto si sería posible aplazar la cita para el mismo día a las cuatro. Disculpe las molestias.*

• Cancelar una cita

Informal

I'm afraid I won't be able to make it after all : *lo siento, pero al final no podré venir*
Sorry, but I will have to cancel lunch on Thursday as I have an important meeting : *lo siento pero tengo que anular la comida del martes porque tengo una reunión importante*

Formal

Much to my regret, I am forced to cancel our forthcoming meeting owing to a problem which has arisen in our Toledo office : *muy a pesar mío, me veo obligado a cancelar nuestra próxima reunión debido a un problema que ha surgido en nuestra oficina de Toledo*
I am afraid I will not be able to keep the appointment I made for Tuesday 5th January, owing to... : *lamento no poder asisitir a nuestra cita concertada para el martes 5 de enero, debido a ....*
I apologize for the inconvenience this must cause you : *disculpe las molestias que esto pueda causarle*

¡NO OLVIDES!

– Fíjate en la utilización del presente para indicar una acción futura : ej. **I AM unavailable on that day**, ya que la acción es segura y el futuro evidente.

– Para introducir una causa, no se utiliza **because** al principio de la frase; se utiliza **owing to** + sustantivo o **as** + proposición :
owing to a meeting... (debido a una reunión)
as I have a meeting... (porque tengo una reunión)

– Recuerda el uso de las preposiciones :
Tuesday is fine BY me (el martes me va bien)
much TO my regret (muy a mi pesar)

¡Ahora tú!

• I am... I won't be able to... it... the theatre on Friday as I have... on.

• With... your letter... 6th March, I... confirm that I shall be... to meet with you... 20th May to discuss a possible partnership.

• Much... I am obliged... cancel our... meeting,... a sudden illness. I... for any... caused, and I shall... you as soon as... to... another meeting.

• ... reply... your letter... 20th January, I should... pleased to meet... you... Friday, but... prefer it if the meeting... to take place later in the afternoon.

• *Escribe a un amigo para anular el almuerzo previsto para el jueves: tienes que marcharte de viaje de negocios. Discúlpate y propón el aplazamiento del almuerzo para el martes siguiente.*

5 PEDIR INFORMACIÓN

PEDIR INFORMACIÓN

La Feria Internacional de Telecomunicaciones ha dado unos resultados excelentes. El Sr. Miller recibe muchas cartas de clientes interesados, pidiendo información y detalles sobre los productos Luxiphone.

Reconstruye la carta de un cliente interesado con los elementos siguientes :

1. ***Encabezamiento :***
   - Dear Sir
   - Dear David
   - Dear Mr Miller

2. ***¿Cuál es el tiempo verbal correcto ?***
   - having recently visited
   - I was recently visiting
   - I will visit

3. ***Mostrarse interesado :***
   - I was amazed
   - I was interested to see
   - I was delighted to know

4. ***Presentar la actividad propia:***
   - we are importers of
   - we are a supplier of
   - I am a supply company of

5. ***Describir un mercado en expansión :***
   - there are good possibilities
   - there is a promising market
   - there is plenty of demand

6. ***Pedir un envío :***
   - we want
   - could you please send
   - thank you for sending

7. ***"Así como ... " se dice :***
   - as well as…
   - and…
   - and also…

8. ***"Un ejemplar" :***
   - an example
   - a selection
   - a copy

9. ***Especificar el contenido de un catálogo :***
   - including
   - showing
   - with

10. ***"En espera de..." :***
   - thank you for
   - we hope for
   - we look forward to

Matthews & Sons

7 Banbury Avenue
Sydney
Australia

Ref: HP/RW

The Export Manager
Luxiphone Ltd
C/ Capitán Alba, 10
45005 Toledo

2nd March 19...

(1) ....,

(2) .... your stand at the International Telecommunications Fair in Birmingham, (3) .... that you produce some very innovative designs of luxury telephones.
(4) .... quality electrical and office machinery, and feel (5) .... here for your type of product. (6) .... further details on your '20s style and space age models, (7) .... (8) .... of your current catalogue (9) .... prices and colour ranges if possible.
(10) .... an early reply.

Yours faithfully,

Harold Percy

Mr Harold Percy
General Manager

PEDIR DETALLES

El Sr. Miller recibe una carta inusual: un jeque árabe quiere saber si Luxiphone fabrica teléfonos dorados y si, además, sería posible incrustar diamantes en el auricular...

A partir de los elementos siguientes redacta la carta del jeque :

1. ***Referirse a un contacto anterior :***
   – we met at...
   – having recently visited your stand at...
   – having talked to you at...

2. ***Manifestar interés :***
   – I was overwhelmed by...
   – I was very impressed with...
   – I liked the green and white striped model best of...

3. ***Preguntar sobre un producto :***
   – do you do...
   – please give me more information on...
   – I would be interested to know whether you produce...

4. ***¿Cómo se dice "además"?***
   – furthermore
   – however
   – on the other hand

5. ***Pedir información :***
   – I wanted to enquire whether
   – I want to know whether
   – I want to know if

6. ***"En caso de poder satisfacer nuestra demanda" :***
   – if you can do what I want...
   – should you be able to satisfy these requirements...
   – if this is O.K. by you...

Sheik Malik
25 Magnolia Avenue
Oman

Export Manager
Luxiphone
C/ Capitán Alba, 10
45005 Toledo

20th February 19...

Dear Sir,

(1) .... the International Telecommunications Fair in Birmingham, (2) .... your company's original designs and variety of models.

(3) .... a gold-coloured version of model number 36. (4) ...., (5) .... it would be possible for your company to manufacture them with several small diamonds inlaid in the receiver.

(6) ...., please inform my secretary at the above address as soon as possible, so that we can proceed with the appropriate arrangements.

Yours faithfully,

Sheik Malik

Sheik Malik

PEDIR INFORMACIÓN

(1) **Dear Sir,**
(2) **Having recently visited** your stand at the International Telecommunications Fair in Birmingham, (3) **I was interested to see** that you produce some very innovative designs of luxury telephones.
(4) **We are importers of** quality electrical and office machinery, and feel (5) **there is a promising market** here for your type of product. (6) **Could you please send** further details on your '20s style and space age models, (7) **as well as** (8) **a copy** of your current cataloque (9) **showing** prices and colour ranges if possible.
(10) **We look forward to** an early reply.
Yours faithfully,
Harold Percy

PEDIR DETALLES

Dear Sir,
(1) **Having recently visited your stand at** the International Telecommunications Fair in Birmingham, (2) **I was very impressed by** your company's original designs and variety of models.
(3) **I would be interested to know whether you produce** a goldco-loured version of model number 36. (4) **Furthermore,** (5) **I wanted to enquire whether** it would be possible for your company to manufacture them with several small diamonds inlaid in the receiver.
(6) **Should you be able to satisfy these requirements,** please inform my secretary at the above address as soon as possible, so that we can proceed with the appropriate arrangements.
Yours faithfully,
Sheik Malik

¿CÓMO SE DICE?

• Presentarse

Having recently visited/attended... : *habiendo visitado recientemente/asistido a ...*
I recently visited... : *he visitado recientemente ...*
After having visited... : *después de haber visitado ...*
I am writing to ask for details on... as advertised in *The Times* on Tuesday : *me dirijo a Vd. para pedirle los detalles sobre ... anunciado en* The Times *del martes*
I was given your name by Mr X : *El Sr. X me dio su nombre*

• Expresar interés

I was very impressed with : *quedé gratamente impresionado por*
I greatly admire : *admiro mucho*
I was interested to see/hear/know that : *despertó mi interés ver/oír/saber que*
We are interested in... : *estamos interesados en...*
We are looking for potential suppliers of... : *buscamos posibles proveedores de ...*

• Describir un mercado en expansión

There is a promising market : *existe un mercado prometedor*
There are good opportunities for this product : *existen grandes oportunidades para este producto*
There is good potential for... :*existe un mercado potencial para...*
There is much demand for... : *existe una gran demanda de ...*
There is a brisk trade in... : *las ventas son excelentes en ...*
There is an ever increasing demand for : *existe una demanda creciente en ...*
More and more of our steady customers are showing an interest in this type of product : *un número cada vez mayor de nuestros clientes habituales muestran interés en este tipo de producto*

• Pedir información/catálogos, etc.
Could you please send : *podría enviarnos*
Would you kindly send : *sería tan amable de enviarnos*
We would be grateful for : *le agradeceríamos que*
We would like... : *querríamos...*
... some information on : ... *información sobre*
... a quotation for : ... *un presupuesto para*
... some documentation (a catalogue, some leaflets) on : ... *información (un catálogo, folletos) sobre...*
... details about/on : ... *detalles sobre/de*
... samples of : ... *muestras de*
... prices for : ... *precios de*

• Pedir información
I would be interested to know whether : *me interesaría saber si*
Could you tell me whether : *podría decirme si*
I would like to inquire whether : *me gustaría saber si*

• Especificar el contenido de la información, presupuesto, etc.
A catalogue, a leaflet, a quotation, an estimate : *un catálogo, un folleto, un presupuesto, un precio aproximado*
... with prices : ... *con precios*
... including pictures and samples : ... *incluyendo fotos y muestras*
... showing prices and colour range : ... *con los precios y gama de colores*
... with an indication of prices : ... *con precios aproximados*

• Pedir presupuesto de un envío
Please let us know the current freight rate for air/sea/rail/road transport : *nos gustaría saber la tarifa actual de transporte por avión/barco/tren/carretera*
We should be grateful if you would quote us your lowest rate from Madrid to New York by air : *le*

agradeceríamos que nos hiciera presupuesto con las tarifas más ajustadas posibles para el envío desde Madrid a Nueva York por avión
Could you please quote charges for shipment and insurance of a consignment of books measuring 2m by 1m and weighing 200 kilos : *¿podría hacernos un presupuesto para el envío y seguro de un cargamento de libros que mide 2m por 1m y pesa 200 kilos?*

• Añadir nuevos elementos
Furthermore, I would like : *además, querría*
In addition I would like : *adicionalmente querría*
I would also like : *querría también*
Besides the telephones, I would like : *además de los teléfonos querría*
As well as a catalogue : *así como un catálogo*
Together with : *junto con*
In addition to : *además de*

• Preguntar sobre la posibilidad de hacer algo
I want to enquire whether your company could... : *querría saber si su empresa podría ...*
Would it be possible for your company to : *sería posible para su empresa*
Could/Would your company be able to : *podría su empresa*

• Formular una hipótesis
Should you be able to : *si fuera posible para Vd.*
If you can : *si puede*

• Satisfacer una necesidad, una petición
Satisfy these requirements : *satisfacer esta demanda*
Fulfil these requirements : *cumplir estas demandas*
Cater to my needs : *satisfacer mis necesidades*

• Pedir una respuesta

Please inform my secretary : *puede informar a mi secretaria*
Please get in touch with : *puede ponerse en contacto con*
Please contact : *puede contactar con*
We look forward to an early reply : *a la espera de su rápida respuesta*
We look forward to receiving your catalogue/quotation as soon as possible : *a la espera de recibir cuanto antes su catálogo/presupuesto*
Please reply as soon as possible/without delay : *rogamos una respuesta lo antes posible*
Please send your reply to : *puede mandar su respuesta a*
Please reply to... by return post : *rogamos mande su respuesta a ... a vuelta de correo*

• Fórmulas para concluir

Please do not hesitate to contact us : *no dude en ponerse en contacto con nosotros*
Please do not hesitate to let us know if (we can be of any further help) : *quedamos a su disposición para cualquier duda o aclaración*
We thank you in advance for any information you can provide : *agradeciéndole de antemano la información que pueda suministrarnos*

¡NO OLVIDES!

– Fíjate : **SHOULD you be able to satisfy...** (Si fuera posible para Vd. satisfacer...). Esta expresión, equivalente a un condicional, es más formal que la expresada en presente **(IF you ARE able to satisfy...).**

– Recuerda las preposiciones : **to be impressed WITH, to place an order FOR, together WITH, AS well AS** (así como), **in addition TO** (además de). **Besides** (además de) se utiliza sin preposición y al principio de la frase:
Besides the catalogue, I would like a number of samples.

– Observa que "visitar" así como "visitar a (alguien)" se traduce en inglés **TO VISIT,** y nunca va seguido de preposición.

– Compara el español "para que PODAMOS" (subjuntivo), y el inglés **so that we CAN** (presente). En inglés el uso del subjuntivo es mucho menos frecuente que en español.

¡Ahora tú!

• Having... (visit) your factory... impressed... your manufacturing procedures... be interested to know... smaller sizes of model number 2. I would... 500 pairs... sunglasses... model No. 546.
... satisfy these requirements, please... secretary at... address.

• Having... your stand... trade fair, I would... (details) your sunbeds, model No. 99. Please... me... my office... this number.

• We are a glass bead manufacturer. We can... your needs, whatever they may be. If... interested in placing an order... us, please... back... of post, and we will... pleased to send you a free sample. Please... hesitate... for... information.

• We...(wholesale) in the flour trade, and... some information... the types of flour you produce. Would... send... your latest catalogue... prices,... a selection of samples.

• *Pide infomación y muestras del producto descrito en el siguiente anuncio :*
WE MANUFACTURE EXQUISITE COUNTRY PERFUMES MADE EXCLUSIVELY FROM NATURAL INGREDIENTS. CONTACT US FOR A FREE CATALOGUE AND SAMPLES.

6 CURSAR UN PEDIDO

Habiendo recibido los presupuestos enviados por el Sr. Miller, ciertos clientes responden cursando un pedido para modelos específicos de teléfonos.

Redacta una carta de pedido con la ayuda de los términos siguientes :

1. ***Encabezamiento :***
   – Dear David
   – Dear Sir/Madam
   – Dear Sirs

2. ***Acusar recibo de un presupuesto :***
   – thanks a lot for your quotation
   – thank you for your quotation
   – we are in receipt of your quotation

3. ***"Cursar un pedido" :***
   – giving an order
   – placing an order
   – ordering

4. ***Pedir acuse de recibo :***
   – please acknowledge
   – we would be grateful for your acknowledgement
   – you will have acknowledged

5. ***"Debidamente firmado" :***
   – as signed
   – to be signed
   – duly signed

6. ***Despedida :***
   – Yours sincerely
   – Truly yours
   – Yours faithfully

Telewares
55 Hampton Road
Guildford
Surrey PQ55 6TO

Export Department
Luxiphone
C/ Capitán Alba, 10
45005 Toledo

1st March 19...

(1) ....,

(2) .... of March 3rd. We have pleasure in
(3) .... with you for the following:

QUANTITY	NAME	MODEL	COLOUR	PRICE
50	Mars	M. 234	Green	£25.56
25	Princess	P.52	Pink	£30.05
70	Duo	D.07	Turquoise	£22.90

(4) .... this order by returning the duplicate to us, (5) ....

(6) ....,

P. Cunningham

P. Cunningham
Buyer

(1) Dear Sirs,

(2) Thank you for your quotation of March 3rd. We have pleasure in **(3) placing an order** with you for the following:

QUANTITY	NAME	MODEL	COLOUR	PRICE
50	Mars	M. 234	Green	£25.56
25	Princess	P.52	Pink	£30.05
70	Duo	D.07	Turquoise	£22.90

(4) Please acknowledge this order by returning the duplicate to us, **(5) duly signed.**

(6) Yours faithfully,

¿CÓMO SE DICE?

• Acusar recibo

Thank you for your letter/your quotation of... (date) : *agradecemos su carta/presupuesto del ...(fecha)*

With reference to your letter/quotation of... (date) : *en referencia a su carta/presupuesto del ...(fecha)*

• Cursar un pedido

To order : *cursar un pedido*

To place an order : *cursar un pedido*

We are pleased to place an order with you for... : *nos complace cursarles pedido de ...*

Please send us the undermentioned goods : *rogamos nos envíe las mercancías siguientes*

Please supply us with... : *sírvanse suministrarnos...*
We would like to place an order for... : *nos complace cursarles pedido de ...*
With reference to your quotation, we enclose our order for... : *en referencia a su presupuesto, les adjuntamos nuestro pedido...*

• Especificar el plazo de entrega
We should be grateful for delivery by...(date) : *agradeceríamos que la entrega se efectuara antes del ...(fecha)*
Please confirm that you can supply these goods by the required date : *rogamos confirmen que el suministro de las mercancías se realizará en el plazo previsto*
We enclose our order for immediate delivery : *adjuntamos nuestro pedido para entrega inmediata*

• Solicitud de pedido
Order No. : *nº de pedido*
Please write in block letters : *escriba en letras mayúsculas*
Please send this order form together with your remittance to... : *rogamos remitan esta solicitud de pedido con el importe correspondiente a ...*
A copy of the invoice should be included in the package : *debe adjuntarse al paquete una copia de la factura*
Please quote the number on all correspondence : No.... : *rogamos hagan referencia a este número en toda la correspondencia: Nº...*

• Solicitar acuse de recibo de un pedido
Please acknowledge this order by return post : *rogamos acuse de pedido a vuelta de correo*
Please confirm receipt of this order : *rogamos confirme recibo de este pedido*
Please sign the duplicate of this order and return it to us as an acknowledgement : *rogamos nos remitan la copia firmada de este pedido*

• Contestar negativamente a una oferta

The samples sent lead us to believe your products are not of the standard we require : *por las muestras enviadas nos parece que sus productos no tienen la calidad requerida*

We consider that your products are not up to standard and we shall not be placing an order for them : *consideramos que sus productos no tienen la calidad requerida por lo que no podemos cursarles ningún pedido*

I am afraid your products do not have the technical specifications required for sale in this country : *lamentamos decirles que sus productos no tienen las características técnicas requeridas para venderlos en este país*

I am afraid your prices are not competitive enough. We have therefore decided not to place an order with you : *lamentamos decirles que sus precios no son competitivos. Hemos decidido pues, no cursarles ningún pedido*

• Reclamar un pedido

Re : our order No.... : *Re : nuestro pedido Nº...*

We wish to remind you that our order No.... has not yet been delivered : *les recordamos que nuestro pedido Nº ... no ha sido entregado todavía*

As we have not yet received... : *como aún no hemos recibido ...*

Please inform us by return post as to the expected date of delivery : *rogamos nos informen a vuelta de correo de la fecha prevista de entrega*

Please give this matter your immediate attention : *rogamos tomen las medidas oportunas para resolver este problema*

• Modificar, cancelar un pedido

Should any items be out of stock, please submit a quotation for a substitute : *en caso que se hayan agotado las existencias, rogamos nos envíe presupuesto para un producto similar*

We would like to cancel our order No... owning to... : *rogamos cancelen nuestro pedido Nº ... debido a ...*

¡NO OLVIDES!

– Fíjate en las preposiciones **thank you FOR/your quotation OF** (+ fecha)**/we have pleasure IN...**

– Observa que los verbos precedidos por las preposiciones **IN** y **BY** tienen la terminación en **–ING** : **pleasure IN placING, acknowledge BY returnING...**

– No olvides que "cursar un pedido a alguien" se dice **to place an order WITH someone.**

– Nota la ausencia de artículo en **our order for immediate delivery** : nuestro pedido para entrega inmediata.

¡Ahora tú!

• I... two large turkeys for Christmas Day... this order by return post.

• ... your quotation... 6th November. We... pleasure... an order... for the... items. Please... that you can... the goods... the end of the month.

• Thank you... your quotation. I... your prices are not... and your products are not... standard. We shall therefore not... an order... you.

• We... in placing an order... 500 Jacuzzi Hi-Fi's and 200 Blaster portable radios for... delivery. Please sign... of this order and return it to us as an...

• *Cursa un pedido para 20 pares de zapatos, modelo "Cenicienta" (Cinderella) número 5. Pide entrega inmediata.*

7 RESPONDER A UN PEDIDO

El Sr. Miller prepara acuses de recibo de varios pedidos. En la mayoría de ocasiones confirma que el pedido se entregará en el plazo previsto, pero a veces tiene que comunicar una demora para modelos agotados.

A partir de los elementos siguientes, completa la carta acusando recibo de un pedido :

1. ***Encabezamiento :***
   - Dear Sirs
   - Dear Sir
   - Dear Mr Cunningham

2. ***Referencia a un pedido :***
   - your command No. 67 of
   - your order No. 67 dated
   - your demand No. 67 from

3. ***"Conforme a" :***
   - as you ask
   - as requested
   - as you wish

4. ***"Adjuntamos" :***
   - we include
   - we add
   - we enclose

5. ***Pedir una firma de conformidad :***
   - correctly signed
   - duly signed
   - signed as required

6. ***Confirmar que se está ejecutando el pedido :***
   - (the dispatch dept.) is currently processing
   - (the dispatch dept.) is responsible for
   - (the dispatch dept.)has disposed of

7. ***"La entrega, el envío" :***
   - the sending
   - the consignment
   - the expedition

8. ***"Listo para entrega" :***
   - O.K. to be sent
   - ready for delivery
   - on the ship

9. ***Agradecer:***
   – I am extremely grateful
   – we thank you
   – thanks a lot

10. ***Quedar "a la espera de ...":***
   – can't wait for
   – are very eager for
   – look forward to

LUXIPHONE
C/ Capitán Alba, 10
45005 Toledo

Mr P Cunningham
Telewares
55 Hampton Road
Guildford
Surrey PQ66 5ST

11th March 19...

(1) ....,

Thank you for (2) .... 6th March. (3) ...., (4) .... the duplicate (5) .... in acknowledgement of your order.

Our dispatch department (6) .... your order and will inform you when (7) .... is (8) ....

(9) .... for your custom and (10) .... being of service to you again in the near future.

Yours sincerely,

D. Miller
Export Manager

(1) Dear Mr Cunningham,

Thank you for **(2) your order No.67 dated** 6th March. **(3) As requested, (4) we enclose** the duplicate **(5) duly signed** in acknowledgement of your order.

Our dispatch department **(6) is currently processing** your order and will inform you when **(7) the consignment** is **(8) ready for delivery**.

(9) We thank you for your custom and **(10) look forward to** being of service to you again in the near future.

Yours sincerely,

¿CÓMO SE DICE?

• Acusar recibo de un pedido

Thank you for your order : *agradecemos su pedido*
We are in receipt of your order No. 122 : *acusamos recibo de su pedido Nº. 122*
We are pleased to acknowledge your order : *nos complace acusar recibo de su pedido*
We enclose the duplicate duly signed in acknowledgement of your order : *adjuntamos la copia debidamente firmada en acuse de recibo de su pedido*

• Confirmar la ejecución de un pedido

We have pleasure in confirming that... : *nos complace confirmar que ...*

Your order is already being processed/dealt with : *su pedido ya se está ejecutando*
We have noted/recorded your order for... (goods) : *hemos tomado nota de su pedido para ... (artículos)*
Our dispatch department is processing your order : *nuestro departamento de envío está ejecutando su pedido*

• **Confirmar el plazo de entrega**
Delivery will be made in accordance with/according to your instructions : *se efectuará la entrega según/de acuerdo con sus instrucciones*
We confirm that delivery will be made by... (date) as requested : *confirmamos que se efectuará la entrega antes del ... (fecha) tal como acordamos*
We confirm that we are able to deliver before the end of the month : *confirmamos la entrega antes de fin de mes*
The goods ordered are available for immediate delivery : *la mercancía pedida está disponible para entrega inmediata*
We will inform you when the consignment is ready for delivery : *les informaremos cuando el envío esté disponible*

• **Anunciar una demora**
We should like to inform you/Please note that your order only reached us on... : *les informamos/recordamos que su pedido no nos llegó hasta ...*
We will require... days/... weeks to process this order : *necesitaremos ... días/ .../semanas para ejecutar este pedido*
Owing to an unfortunate delay, I regret to inform you that delivery can only be made from... /in a week's time : *lamento informarles que, por motivos ajenos a nuestra voluntad, no se despachará el envío hasta .../dentro de una semana*
Delivery has been delayed : *la entrega ha sido demorada*

• **Comunicar dificultades**

We regret to inform you that the goods/items ordered are out of stock/no longer in stock/no longer available : *lamentamos informarles que la mercancía pedida no está en existencias/ya no está disponible.*

Unfortunately... : *lamentablemente...*

I am afraid your order has got lost/has gone missing : *lamento comunicarles que su pedido ha sido extraviado*

Could you possibly send us a duplicate/a copy of your order : *rogamos nos mande un duplicado/copia de su pedido*

• **Proponer un producto alternativo**

We can, however, offer you a substitute : *podemos ofrecerle, sin embargo, un producto semejante*

Our model No. 5 is very similar/of similar quality/the same price : *nuestro modelo nº. 5 es muy similar/es de igual calidad/tiene el mismo precio*

¡NO OLVIDES!

– Recuerda que, en oraciones futuras, se utiliza el presente después de **when,** :
We will inform you when the consignment is ready : les informaremos cuando el envío esté listo.

– Observa la expresión **to be of service to you :** ser de utilidad para Vd.

– Nota la ausencia de artículo en **delivery will be made by 3rd June :** se efectuará la entrega antes del 3 de junio.

¡Ahora tú!

• ... to your quotation. We... in enclosing our order for... items:... Please... that you can... the goods... 10th August.

• We... to acknowledge your order No. 70... 5th January. We... that delivery... by 15th January.

• *Contesta el siguiente telex:*
REF OUR ORDER No. 56 PLEASE ACKNOWLEDGE RECEIPT AND CONFIRM DELIVERY BY 19 MAY

• ... for your order No. 45... requested we... the copy, ... signed... acknowledgement. Your order is... and will be ready for delivery... next week.

• *Confirma la recepción del pedido con referencia 95-SP8, pero explica que las existencias están agotadas por lo que el pedido se demorará 3 semanas.*

8 PRESUPUESTOS

Redacta la carta del Sr. Miller eligiendo entre los términos siguientes :

El Sr. Miller contesta a una carta en la que se pide un presupuesto para varios modelos de teléfono.

1. ***"En respuesta a ..." :***
   – in reply to
   – in response to
   – as a result of

2. ***Adjuntamos :***
   – it is an honour to send you
   – we have pleasure in enclosing
   – we are pleased to include

3. ***Proponer varios modelos :***
   – we have a wide range of
   – we make plenty of
   – we are holding a sale of

4. ***Destacar la calidad del producto :***
   – the best
   – of a high standard
   – made in Taiwan

5. ***Decir que algo está "disponible" :***
   – is ready
   – are available
   – are disposable

6. ***Proponer una instalación sin cargo :***
   – is carried out free of charge
   – is carried out gratuitously
   – is free

7. ***Explicar las condiciones para un descuento :***
   – for some orders exceeding
   – for all commands over
   – for any orders exceeding

8. ***"Según disponibilidad" :***
   – subject to availability
   – if possible
   – if in stock

LUXIPHONE
C/ Capitán Alba, 10
45005 Toledo

Matthews & Sons
45 Beech Road
Broughton
Somerset
Your ref: 250 DK/MS

15th April 19...

Dear Sirs,

(1) .... your letter of 9th April, (2) .... a detailed quotation for the models of telephones specified. Besides those models that were on display at the International Telecommunications Fair, (3) .... other designs, as illustrated in our catalogue, also enclosed.

All our equipment is (4) .... and comes with a five-year guarantee. A number of accessories (5) .... with some of the models. Installation (6) .... by any one of our two thousand service centres located throughout Europe.

Furthermore, we are able to offer a 5% discount (7) .... £2,000.

All models can be supplied, (8) ...., 3 months from the date on which we receive your firm order. Our c.i.f. prices are for sea/land transport only; if you require the goods to be sent by air freight, this will be charged at extra cost.

We look forward to receiving your order.

Yours faithfully,

D. Miller

D. Miller
Export Manager

Dear`Sirs,

(1) In reply to your letter of 9th April, **(2) we have pleasure in enclosing** a detailed quotation for the models of telephones specified. Besides those models that were on display at the International Telecommunications Fair, **(3) we have a wide range** of other designs, as illustrated in our catalogue, also enclosed.

All our equipment is **(4) of a high standard** and comes with a five-year guarantee. A number of accessories **(5) are available** with some of the models. Installation **(6) is carried out free of charge** by any one of our two thousand service centres located throughout Europe.
Furthermore, we are able to offer a 5% discount **(7) for any orders exceeding** £2,000.

All models can be supplied, **(8) subject to availability**, 3 months from the date on which we receive your firm order. Our c.i.f. prices are for sea/land transport only; if you require the goods to be sent by air freight, this will be charged at extra cost.

We look forward to receiving your order.

Yours faithfully,

QUOTATION

Name	*Model*	*Size (cm)*	*Colour*	*Unit Price*
Mars	M.234	20 x 50	Green	£25.56
Princess	P.05	35 x 60	Pink	£30.45
Circus	C.2	25 x 30	Red/Green	£20.95

Accessories : Answering machine - Stand - Message pad - Extension wire

All prices : c.i.f. UK railway station
Terms of payment: 30 days net

¿CÓMO SE DICE?

• Para referirse a la carta del cliente
In reply to your letter : *en respuesta a su carta*
Thank you for your enquiry about/your interest in... : le *agradecemos su interés en...*
With reference to your letter of 10th January : *en referencia a su carta del 10 de enero*

• Enviar información
We have pleasure in enclosing... : *adjuntamos ...*
We are pleased to submit... for your approval : *entregamos ... para su aprobación*
– our latest price list : ... *nuestra lista actual de precios*
– our most recent catalogue : ... *nuestro último catálogo*
– a detailed quotation for the goods specified : ... *un presupuesto detallado para los artículos especificados*

• Ofrecer un descuento
We are able to offer a 10% discount on all orders exceeding £20 in value/on repeat orders : *podemos ofrecer un descuento del 10% para todos los pedidos con un valor superior a 20 libras/para todos los pedidos adicionales*
We can make you a firm offer for... : *podemos hacerle una oferta en firme para ...*
We can allow/offer a discount of 10% : *podemos oferecer un descuento del 10%*
Your initial order is subject to a discount of 10% : *su pedido inicial tiene un descuento del 10%*
This range is on offer at a special introductory price : *esta gama (de productos) se ofrece a un precio especial de lanzamiento*

• Hablando de stocks
All models can be supplied from stock : *todos los modelos están en stock*

Please let us have your order as soon as possible, since supplies are limited : *rogamos mande su pedido lo antes posible, dado que nuestras existencias son limitadas*
We have run out of stock, but we can offer you a substitute : *nuestras existencias están agotadas, pero podemos ofercerle un producto equivalente*
These goods are out of stock : *esta mercancía está agotada*

• Expresar las condiciones
Subject to... : *sujeto a*
... availability : ... *disponibilidad*
... prior sale : ... *previa venta*
... acceptance by the manager : ... *aprobación del director*
... our receiving your order : ... *recibo de su pedido*
While stocks last : *mientras dispongamos de existencias*
Prices are subject to change without notice : *los precios pueden ser modificados sin previo aviso*

• Nombrar servicios complementarios
We have service centres all over the country : *disponemos de centros de asistencia técnica en todo el país*
The equipment comes with optional accessories : *el equipo incluye accesorios opcionales*
The goods carry/come with a one-year guarantee : *la mercancía tiene un año de garantía*
Installation is carried out free of charge : *la instalación es sin cargo*

• Tipos de precios y formas de pago
C.i.f. prices (Cost Insurance Freight) : *coste, seguro y flete (C.I.F.)*
To be charged at extra cost : *coste adicional a su cargo*
Terms of payment : 30 days net : *condiciones de pago : 30 días*

¡NO OLVIDES!

– Observa que el término "presupuesto" puede ser traducido tanto por **quotation** (presupuesto, oferta), como por **estimate** (presupuesto, estimación).

– Fíjate en la expresión inglesa "un cierto número de" : **a number of...**

– Observa la estructura pasiva **if you require the goods to be sent**, frecuente en las cartas de negocios (registro formal).

– Distingue : **of A high standard** (con artículo) y **of good quality** (sin artículo).

¡Ahora tú!

• In... your inquiry... 5th December, we... (submit) a detailed quotation... the goods specified. We... allow a 3% discount... all orders... £50. Prices... change without....

• We... a quotation... the redecoration of your premises. The work carried out... a guarantee of one year... your prior approval of the completed redecoration. Our... catalogue, also..., indicates the colours....

• In... your inquiry of... (pleased) to... requested... quotation... goods specified. This range... special introductory offer, with... 5% discount... initial order. If you wish to... advantage... this offer, please... the... form.

• With...to your enquiry... 8th January, we... pleasure... enclosing... quotation... goods specified. Please let... have your order... soon... possible, since supplies... limited.

9 CONDICIONES DE PAGO

Ayuda a David Miller a detallar las condiciones de pago :

El Sr. Miller escribe a un cliente que quiere hacer un pedido importante a Luxiphone.

1. ***Encabezamiento :***
   – Dear Sir/Madam
   – Dear Mary
   – Dear Madam

2. ***"En referencia a..." :***
   – we refer to
   – in reference to
   – as regards

3. ***Referirse a una pregunta anterior :***
   – recent inquiry
   – latest demand
   – last question

4. ***"Condiciones de pago" :***
   – terms for paying
   – rules of payment
   – conditions of payment

5. ***Exponer las condiciones de pago :***
   – we require
   – our terms are
   – you must pay

6. ***"Un crédito de dos meses" :***
   – two months' credit
   – two months' debt
   – a delay of two months

7. ***"Pedidos posteriores" :***
   – other orders
   – subsequent orders
   – firm orders

8. ***"Debe hacerse efectivo" :***
   – must be done
   – is to take place
   – should be made

9. ***Estar "a la espera de" :***
   – we look forward to receiving
   – we are waiting to receive
   – we expect to receive

10. ***Despedida :***
    – Yours truly
    – Yours faithfully
    – Yours sincerely

LUXIPHONE
C/ Capitán Alba, 10
45005 Toledo

Northern Supplies Ltd.
56 High Street
Sheffield
YORKSHIRE NW36 SJ2

8th May 19...

Attention: Mrs Mary Donovan

(1)..................,

(2)................ your (3).................... regarding our (4).................. (5)................ 30 days net, but we can allow you (6)................ for (7)................ Payment (8).............. by irrevocable letter of credit or cheque with order.

(9)................ your initial order.

(10)..................,

D. Miller

D. Miller
Export Manager

(1) Dear Madam,
(2) We refer to your **(3) recent inquiry** regarding our **(4) conditions of paymen**t. **(5) Our terms are** 30 days net, but we can allow you **(6) two months' credit** for **(7) subsequent orders**.
Payment **(8) should be made** by irrevocable letter of credit or cheque with order.
(9) We look forward to receiving your initial order.
(10) Yours faithfully,

¿CÓMO SE DICE?

• Exponer las condiciones de pago

Our conditions/terms of payment are as follows... : *nuestras condiciones de pago son las siguientes ...*
Payment should be made by... : *el pago deberá efectuarse mediante ...*
... (irrevocable) letter of credit : *...letra de crédito irrevocable*
... bank transfer : *... transferencia bancaria*
... bank draft : *... talón bancario*
... cheque : *... talón/cheque*
... cash on delivery : *... pago a la entrega*
... cash with order : *... pago al formalizarse el pedido*
... cash in advance : *... pago anticipado*
... direct debit : *... cargo directamente en cuenta*
... payment quarterly/monthly/at sight : *... pago trimestral/mensual/a la vista*
... cash against documents/pro-forma invoice : *... pago contra documentos/factura pro forma*
... International Money Order (IMO) : *... giro postal internacional*

• Pedir un descuento, condiciones especiales

Are you able to allow a discount : *pueden ofrecer un descuento*

Could you grant us a preferential rate for this bulk order : *pueden concedernos una tarifa especial para este pedido al mayor*

• Conceder o rechazar un crédito

We can allow you 2 months' credit : *podemos ofrecerle un crédito de dos meses*
We do not give credit : *no ofrecemos créditos*
We are not in a position to offer credit facilities : *no estamos autorizados para ofrecer créditos*
Our terms of payment are 30 days net : *nuestras condiciones de pago son 30 días*

• Pedir un pago

Enclosed is our invoice amounting to... : *adjunto le remito nuestra factura por importe de ...*
We should be grateful if you would forward your remittance in settlement of the enclosed invoice : *le agradeceríamos remitan el pago correspondiente a la factura adjunta*

• Remitir el pago

We have pleasure in enclosing ... : *Nos complace adjuntar ...*
... an International Money Order (IMO) for... : *... un Giro Postal Internacional por la cantidad de ...*
... your bill of exchange/a cheque for... : *... carta de cambio/talón por ...*
Enclosed is our bank draft for... : *...adjunto remitimos el talón bancario por ...*
Our bank has been instructed to transfer the agreed 10% deposit : *hemos dado las instrucciones correspondientes a nuestro banco para hacer la transferencia del depósito acordado del 10%*
As payment of proforma invoice No...., we enclose a draft on... : *en concepto de pago de su factura pro forma Nº ..., adjuntamos un talón bancario ...*

• Acusar recibo de un pago
We are pleased to confirm receipt of... : *acusamos recibo de...*
We acknowledge with thanks your cheque for... : *acusamos recibo de su talón ...*

• Pedir/hacer una nota de crédito
Please forward a credit note for the sum of... : *le agradeceríamos nos enviara una nota de abono por valor de ...*
We enclose a credit note for the sum of... : *adjuntamos una nota de abono por valor de...*

• Abrir una cuenta
I should like to open an account with you : *querría abrir una cuenta con Vdes.*
Could you possibly forward your account details, including your account number and credit card number : *podría comunicarnos los datos de su cuenta, incluyendo el número de la cuenta y de la tarjeta de crédito*
PLEASE WRITE IN BLOCK CAPITALS : *escriba en mayúsculas*
MADE PAYABLE TO : *pagadero a*
AMOUNT DUE : *cuenta a pagar*
AMOUNT IN WORDS : *cantidad en letras*
(CURRENT) EXCHANGE RATE : *cambio (actual)*
VAT (VALUE ADDED TAX) : *I.V.A.*
TAX FREE, DUTY-FREE : *exento de tasas, exento de impuestos*
EXCLUSIVE OF TAX : *libre de impuestos*
INCLUSIVE OF TAX : *impuestos incluidos*

¡NO OLVIDES!

– Observa que en la frase **payment should be made,** es preferible utilizar **should** que **must** ya que es menos autoritario.

– Nota que en el ejemplo anterior no hay artículo delante de **payment** porque se utiliza en sentido general y no particular.

– Observa que un "pedido" puede traducirse por **query** (más para preguntas); **a request**; o en el caso determinado de pedir información **an inquiry** (o **enquiry**).

¡Ahora tú!

- Our usual... are 60... We... 1 month's further... for repeat... Payment... by bank transfer.

- ... is our invoice... £500. Would you kindly... your remittance... of the above... as possible.

- We... enclosing... draft ... £200 ... settlement ... invoice No.... Please... receipt... return... post.

- We... not... position... offer credit facilities, but we can... a discount... all orders... £300.

- We... with thanks... banker's draft for £572, sent in payment of order No. 910. We... forward... (receive) your next order.

10 CONDICIONES DE ENTREGA

El Sr. Miller expone las condiciones de entrega de un pedido de productos a un cliente americano.

Ayuda al Sr. Miller a detallar las condiciones de entrega eligiendo entre los términos siguientes :

1. ***"En relación a" :***
   – as regards
   – we refer to
   – we have referred to

2. ***¿Cuál es el tiempo verbal correcto ?***
   – delivery will be made
   – delivery has been made
   – delivery would be made

3. ***Dos meses ¿a partir de cuándo ?***
   – your order
   – the ship's arrival
   – receipt of your order

4. ***"Como acordamos" se dice :***
   – as arranged
   – as convenient
   – as you know

5. ***Medio de transporte :***
   – by train and ship
   – by rail and sea freight
   – in a train

6. ***"Si Vd. necesita" se dice :***
   – if you require
   – should you be in need of
   – if you must have

7. ***Proponer un servicio, un acuerdo :***
   – we can allow
   – we have arranged
   – we can arrange

8. ***Mencionar gastos adicionales :***
   – this will be charged at extra cost
   – this will be charged to your bankers
   – this is very costly

9. ***Especificar condiciones de pago :***
   – payable on arrival
   – payable by you
   – optional

10. ***Agradecer el pedido :***
   – thanks a lot for your order
   – we look forward to your next order
   – we thank you for your custom

LUXIPHONE
C/ Capitán Alba 10
45005 Toledo

The Electrics Co.
22 Wood Road
Salisbury
SOMERSET HQ3 2AT

11th September 19...

Dear Sirs,

(1)............... your order No.33. (2)...................... within two months of (3).................... (4)........................, the consignment will be transported (5)... FOB from Birmingham to your warehouse in Georgia, USA.

Our prices are C&F for sea/land transport to Georgia. (6)..................... more rapid delivery, (7)...................... for the goods to be sent by air freight, but (8).................... Insurance is (9)................

(10).................. and will be pleased to answer any further queries you might have regarding the shipment.

Yours faithfully,

D. Miller
Export Manager

Dear Sirs,

(1) We refer to your order No.33. **(2) Delivery will be made** within two months of **(3) receipt of your order. (4) As arranged**, the consignment will be transported **(5) by rail and sea freight** FOB from Birmingham to your warehouse in Georgia, USA.
Our prices are C&F for sea/land transport to Georgia. **(6) If you require** more rapid delivery, **(7) we can arrange** for the goods to be sent by air freight, but **(8) this will be charged at extra cost.** Insurance is **(9) payable by you.**
(10) We thank you for your custom, and will be pleased to answer any further queries you might have regarding the shipment.

Yours faithfully,

¿CÓMO SE DICE?

- **Especificar el tiempo de entrega**

Delivery will take four months : *se efectuará la entrega en cuatro meses*
The consignment is ready for immediate delivery : *el envío está listo para entrega inmediata*
Delivery can be made from stock : *el envío puede ser efectuado de stock*
The items are in stock and should be ready for despatch by next

Monday : l*a mercancía está en stock y podemos despacharla el próximo lunes*
Delivery will be made within two months/one week of receipt of your order : *la entrega se efectuará dento de dos meses/a una semana de recibo del pedido*

• Especificar el medio de transporte utilizado
As arranged, the consignment will be transported by air/rail/sea (freight) : *como acordamos el envío se efectuará por avión/tren/barco*
We will despatch the goods tomorrow by air freight : *despacharemos la mercancía mañana por avión*

• Especificar el reparto de los gastos de envío
Our prices are... : *nuestros precios son...*
... ex works, ex-warehouse : ... *salida de fábrica/de almacén*
... free carrier (FRC) : ... *franco transportista (punto convenido)*
... free on board (FOB) : ... *franco a bordo (FAB) puerto de embarque convenido*
... free on rail (FOR) : ... *franco vagón*
... free/franco domicile : ... *franco domicilio*
... freight carriage paid to (FCP) : ... *flete, porte pagado hasta*
... Cost, Insurance, Freight (CIF) : ... *coste, seguro y flete*
... Cost and Freight (C&F) : ... *coste y flete*
... Freight, Carriage and Insurance paid to (CIP) : ... *flete, porte y seguro pagado a ...*
... Delivery Duty Paid (DDP) : ... *entrega libre de derechos*

• Precisar la dirección de entrega
Please note that delivery should be made to the following address : *rogamos efectúe la entrega a la dirección siguiente*

Please would you deliver to the following address : *podría enviar la mercancía a la dirección siguiente*
Please note the new address of our offices : *rogamos tome nota de nuestra nueva dirección*

• Informar de una entrega
We are pleased to inform you that we have despatched... today, against your order : *nos complace informarles que hemos despachado ... hoy, conforme a su pedido*
As agreed, the goods will be delivered to you on Monday morning : *como acordamos les entregaremos la mercancía el lunes por la mañana*
Order No. ... will be ready for delivery as from 5th May. Please advise as to how you will take delivery of the goods : *el nº de pedido ... estará listo para entregar el cinco de mayo. Rogamos nos indique la forma de entrega de la mercancía*

• Comunicar una demora en la entrega
Owing to... we are unable to deliver your order No.... before 7th June : *debido a ... no podemos remitirle su pedido nº ... antes del 7 de junio*
Unless we receive instructions from you to the contrary, we will assume that your order still stands/is still valid : *a menos que recibamos instrucciones contrarias por su parte, consideramos que el pedido sigue vigente*

• Hablar del modo de envío
The documentation requested has been sent to you... : *le hemos enviado la información pedida ...*
... under separate cover : *... en sobre aparte*
... by registered post : *... por correo certificado*
... by courier : *... por mensajero*
... by messenger : *... por mensajero*
The goods will be delivered in hermetically sealed, shock-proof crates : *se entregará la mercancía en cajas cerradas herméticamente a prueba de shock*

¡NO OLVIDES!

– Observa las expresiones **Delivery will be made/The consignment will be transported/This will be charged...** en forma pasiva futura. Esta forma se utiliza a menudo en las cartas de negocio, en lugar de la forma activa, porque es más impersonal: no es pertinente mencionar la persona que hará la entrega.

– Recuerda la expresión **... is payable by you**, que significa "a su cargo". Esta expresión, también en pasiva, es más corriente en las cartas comerciales, y representa una manera más formal de decir "tiene que pagar ..."

– Observa que **charge** significa coste, gasto ; **an extra charge** es pues un "gasto adicional".

¡Ahora tú!

• The... is ready for... delivery. As..., it... transported... air freight... UK... your factory... Nairobi... are ex-works; packing and insurance... by you.

• *Escribe al Sr. Miller detallando las condiciones de entrega para las mercancías que has pedido: entrega antes del 15 de septiembre, transporte por barco y tren desde la fábrica de Luxiphone hasta tu almacén, y entrega libre de derechos*

• We... your order... 500 pairs of green socks. The items are... stock and should be ready... despatch... next week. Delivery... made... one month of processing the order.

• Owing... problems... our manufacturing plant, we are... deliver your order No. 77. ... we receive... from you... the contrary, we... assume that your order... stands.

11 RECLAMAR PAGOS

En la revisión trimestral de facturación, el Sr. Miller nota que todavía no ha recibido el pago de ciertos clientes para pedidos satisfechos hace más de tres meses.

Ayuda al Sr. Miller a redactar su carta de reclamación eligiendo entre los términos siguientes :

1. *Encabezamiento :*
   – Dear John
   – To whom it may concern
   – Dear Sirs

2. *Para atraer la atención del lector :*
   – indicate
   – mention
   – draw your attention to

3. *Señalar la deuda pendiente :*
   – as we are still waiting for
   – as we are in desperate need of
   – as we have not yet received

4. *Reclamar amablemente :*
   – we should be grateful
   – we would be obliged
   – we would be happy

5. *Para reclamar el pago :*
   – send the money
   – forward your remittance
   – deal with the problem

6. *Si ya se ha efectuado el pago :*
   – if you are thinking of sending
   – if you will have sent
   – if you have already sent

7. *"Rogamos no tengan en cuenta" :*
   – forget about this letter
   – ignore this reminder
   – do not take account of this note

8. *Despedida :*
   – Yours truly
   – Best wishes
   – Yours faithfully

LUXIPHONE
C/ Capitán Alba, 10
45005 Toledo

20th October 19...

Mr Jason Hughes
Scientific Ltd
155 Birmingham Avenue
Cleveland, Ohio 44321
U.S.A.

Re: Our Invoice No.254

(1) ....,

May we (2).............. our invoice No.254 dated July 5th. (3) .... payment, (4) .... if you would (5) .... as soon as possible. (6) .... the amount due, please (7) ....

(8) ....,

D. Miller

D. Miller
Export Manager

(1) Dear Sirs,

May we **(2) draw your attention to** our invoice No.254 dated July 5th. **(3) As we have not yet received** payment, **(4) we should be grateful** if you would **(5) forward your remittance** as soon as possible. **(6) If you have already sent** the amount due, please **(7) ignore this reminder.**

(8) Yours faithfully,

¿CÓMO SE DICE?

• Para referirse a una factura

Our invoice, of which we enclose a copy, was sent to you on... (date) : *le mandamos nuestra factura, cuya copia adjuntamos, el ... (fecha)*

We are writing concerning your outstanding account of... : *nos dirigimos a Vdes. por motivo de su factura pendiente del ...*

May we/we would like to draw your attention to our invoice of... : *nos permitimos recordarles que nuestra factura del ...*

• Reclamar el pago

As we have not yet received payment, we would be grateful if you would forward your remittance as soon as possible : *al no haber recibido todavía su pago, le agradeceríamos salde su cuenta lo antes posible*

As the account has not yet been cleared, could you please send your remittance as soon as possible : *dado que la cuenta todavía no ha sido liquidada, le rogamos envíe su pago lo antes posible*

As no advice of payment has been received from our bank, we would be glad if you would arrange for settlement of this invoice : *como no hemos recibido notificación de pago de nuestro banco, le rogamos haga las gestiones necesarias para saldar esta factura*

May we remind you our terms are 30 days net. Kindly send your remittance as soon as possible : *le recordamos que nuestras condiciones de pago son 30 días. Rogamos manden el pago lo antes posible.*

• Si el cliente ya ha satisfecho la factura

Should you have already settled the account, please disregard this reminder : *en caso que el pago ya haya sido efectuado, les rogamos no tengan en cuenta esta reclamación*

If you have already sent the required amount, please ignore this reminder : *si el pago ya ha sido efectuado, les rogamos no tengan en cuenta esta reclamación*

• Hacer una segunda reclamación

We wish to remind you that our invoice No. X dated... is still unpaid/outstanding and ask you to give the matter your immediate attention : *nos vemos en la obligación de recordarles que su cuenta nº X del ... todavía está pendiente de pago. Les rogamos resuelvan este asunto cuanto antes*

Having received no reply to our letter of... in which we reminded you that we are still awaiting settlement of our invoice No. X, we must request payment of the amount due without further delay : *no habiendo recibido respuesta a nuestra carta del ... en la cual les recordábamos la deuda pendiente de nuestra factura Nº X, pedimos el pago de la cantidad debida sin más demora.*

We enclose a statement of your account. We feel sure that its settlement has been overlooked, but having already sent one reminder, we must insist that payment be made within the next seven days : *adjuntamos el extracto de su cuenta. Convencidos de que se trata de un olvido por su parte, pero habiendo mandado ya una carta de reclamación, insistimos en que se efectúe el pago en un plazo de siete días.*

• Hacer una última reclamación

Despite two reminders sent to you on... and... , the amount of our invoice No. X is still outstanding, and is now three months overdue. As we have received no reply from you, we shall have to take proceedings unless payment reaches us within the next seven days : *a pesar de las dos reclamaciones que les enviamos el ... y ..., la cantidad de nuestra factura Nº X todavía sigue pendiente, y actualmente excede en tres meses el plazo previsto. Al no haber recibido ninguna respuesta de su parte, nos veremos obligados a proceder por vía judicial si no recibimos el pago en el plazo de siete días*

Unless we receive your remittance within seven days, we shall have to hand the matter over to our solicitors : *si no recibimos su pago en un plazo de siete días, nos veremos obligados a transferir el asunto a nuestros abogados*

• Responder a una reclamación de pago

In reply to your letter dated 19th July, concerning our outstanding account No. 5619, I regret to inform you that we can find no trace of invoice No. 27. We would be obliged if you could send us a duplicate so that we can proceed with the necessary payment : *en respuesta a su carta del 19 de julio referente a la cuenta pendiente Nº 5619, lamento informarle que no encontramos la factura Nº 27. Le rogamos nos mande una copia de la factura para que podamos proceder al pago correspondiente*

The delay in the settlement of our outstanding account No. 38G12 has been caused by a computer error in our Accounts Department : *la demora en al pago de nuestra cuenta pendiente Nº 38G12 es debida a un error de ordenador en nuestro departamento de contabilidad*

Please accept our apologies for the inconvenience caused, and rest assured that you will be receiving our remittance shortly : *rogamos acepten nuestras disculpas por las molestias causadas, y les aseguramos que recibirán el pago en breve*

We apologize for the delay in our settlement of your invoice No. 63, but we have recently experienced some cash flow problems. We should be grateful if you could allow us a further credit of 30 days : *disculpe la demora en el pago de su factura Nº 63, pero hemos tenido problemas recientes de liquidez. Agradeceríamos que nos concediera un crédito de 30 días*

¡NO OLVIDES!

– Observa la utilización de **May we...** (permítanos ...), una manera formal y educada de introducir un tema. La expresión tiene un tono menos amenazante que si el autor hubiera empezado: **We draw your attention to...**

– En la expresión **We would be grateful, WOULD** puede ser reemplazado por **SHOULD** si hablamos en primera persona (singular o plural) para dar un tono más formal : **we should be grateful if you would** y **we would be grateful if you could** (menos formal).
Would/should + infinitivo forman el condicional presente para la primera persona (las otras personas sólo se forman con **WOULD** + el infinitivo).
Ej.: **I would/should like to inform you...**
He/she would like to inform you...

¡Ahora tú!

• As we... received payment... our invoice No. 609, we... be glad if you would forward... as... possible.

• ... previous reminders your account is... outstanding. Unless payment... us within the... seven days, we... to take proceedings.

• Our invoice, of which... a copy, was sent to you... 10th May. Could you... send your... as... as possible.

• We... remind you that our invoice No. 44... outstanding. Kindly... your remittance... soon... possible. Should... already settled the account, please... this reminder.

• *Acusa recibo de una reclamación de pago para la factura Nº 703B. Indica que la factura ya ha sido pagada y que debe tratarse de un error de contabilidad.*

12 NEGOCIACIONES Y ACUERDOS

Al leer la correspondencia, al Sr. Miller le sorprende una propuesta inesperada. La sociedad Panorama, fabricante americana de contestadores automáticos, le propone un acuerdo de asociación, mediante el cual Luxiphone comercializará sus contestadores en Europa. Panorama, a su vez, se ocupará de la comercialización de los productos de Luxiphone en E.E.U.U.

Reconstruye la oferta comercial de la sociedad Panorama :

1. ***El motivo de la carta :***
   - (we) would like to meet
   - (we) are seeking
   - (we) will be contacting

2. ***"A cambio de" :***
   - as an exchange for
   - in exchange with
   - in exchange for

3. ***"Como sabrán Vdes. ..."***
   - (as) you are aware
   - (as) you must know
   - (as) you bear in mind

4. ***Estar seguro de algo :***
   - we assume
   - we realise
   - we feel confident

5. ***Su empresa se beneficiará :***
   - you could gain
   - your company could benefit
   - your turnover would increase

6. ***El mercado "está creciendo" :***
   - is opening up
   - has started
   - will be good

7. ***Aprovechar una oportunidad :***
   - to win
   - to compete with other European companies
   - to take advantage of this opportunity

8. ***Considerar la oferta :***
   - look into this
   - give this proposal your kind consideration
   - give this your immediate attention

Panorama Ltd
1150 Grand Boulevard
Los Angeles California 90041 USA

Our ref: TS/PL314

Luxiphone
C/ Capitán Alba, 10
45005 Toledo - España

25th April 19...

Dear Sirs,

We are manufacturers of telephone answering machines and (1) .... a European manufacturer of compatible products with a view to entering into a commercial partnership. We would like to offer our services as commercial agents for your products in the United States, (2) .... your representation of our products on the European market. Please find enclosed a brochure describing our company.

As we are sure (3) ...., the U.S. market offers excellent potential for your type of product, and (4) .... that you will appreciate how much (5) .... from such a partnership. As for ourselves, we have reason to believe that the market (6).............. in Europe for our products and consider that the best way (7) .... is to achieve a commercial presence via a European company.

We hope you will (8)................, and look forward to your reply.

Yours faithfully,

Mr T. Southampton
Export Manager

Dear Sirs,

We are manufacturers of telephone answering machines and **(1) are seeking** a European manufacturer of compatible products with a view to entering into a commercial partnership. We would like to offer our services as commercial agents for your products in the United States, **(2) in exchange for** your represention of our products on the European market. Please find enclosed a brochure describing our company.

As we are sure **(3) you are aware**, the U.S. market offers excellent potential for your type of product, and **(4) we feel confident** that you will appreciate how much **(5) your company could benefit** from such a partnership. As for ourselves, we have reason to believe that the market **(6) is opening up** in Europe for our products and consider that the best way **(7) to take advantage of this opportunity** is to achieve a commercial presence via a European company.

We hope you will **(8) give this proposal your kind consideration**, and look forward to your reply.

Yours faithfully,

¿CÓMO SE DICE?

• Referirse al entorno, a la persona por la que se ha conocido la empresa

Having recently visited your stand : *después de haber visitado su stand*
I was given your name by Mr… : *el Sr. ... me ha dado su nombre*
The Chamber of Commerce suggested I contact you : *en la Cámara de Comercio me han aconsejado contactar con Vd.*
We met/were introduced at the managers' annual conference : *nos conocimos/nos presentaron en la conferencia anual de directores*

• Presentar la empresa
We are... retailers : *somos detallistas de ......*
We are manufacturers of... : *somos fabricantes de ...*
We are a distribution company specialising in electrical goods : *somos una empresa de distribución especializada en productos eléctricos*
We are specialists in marine insurance : *somos especialistas en seguros marítimos*
We are a trading company specialising in the promotion, marketing and sales of hi-fi equipment to Middle Eastern countries : *somos una empresa comercial especializada en la promoción, marketing y venta de equipos de alta fidelidad en los paises del Medio Oriente*
We are one of the leading French suppliers of pharmaceutical products to the Third World : *somos uno de los principales proveedores de productos farmacéuticos franceses al tercer mundo*

• Precisar el tipo de acuerdo
We would like to form a partnership : *querríamos formar una asociación*
We would be interested in an agency agreement to cover the whole of Eastern Europe : *nos interesaría un acuerdo de agencia que cubra todo el territorio de Europa Este*
We are interested in offering our services to you for the distribution of your products in this part of the world : *nos interesa ofrecerles nuestros servicios para distribuir sus productos en esta parte del mundo*
We would be interested in forming a joint venture with your company : *nos interesa formar una "joint venture" con su empresa*

• Realizar una propuesta
We would like to offer our services as... : *queremos ofrecer nuestros servicios de ...*

We would like to suggest a collaboration in the development and commercialisation of new technologies : *queríamos proponerles una colaboración en el desarollo y comercialización de nuevas tecnologías*

• Describir condiciones comerciales favorables

If your company is interested in starting or increasing sales to...(country), this presents a good opportunity : *si a su empresa le interesa empezar o aumentar sus ventas a ... (país), esto representa una buena oportunidad*

There is potentially a very good market for quality leather shoes in this part of the world : *el mercado potencial para zapatos de cuero de calidad es excelente en esta parte del mundo*

There is much demand for your type of product here : *aquí existe una fuerte demanda para su tipo de producto*

The market is expanding/opening up/booming/beginning to pick up : *el mercado está en expansión/empezando/creciendo/ empezando a reactivarse*

The continuing consumer boom in...(country) has created a promising market for...(product) : *el continuo crecimiento en consumo de ... (país) ha creado un mercado prometedor para ...*

• Concluir una propuesta

We hope you will give this proposal your kind consideration : *esperamos que esta propuesta sea de su interés*

We look forward to receiving your comments on the above/on this proposal : *quedamos a la espera de recibir sus impresiones sobre lo expuesto/esta propuesta*

In case you are unable to help us with this proposal, we would be grateful if you could put us in touch with a company that may be interested : *en caso de que Vdes. no puedan llevar a cabo esta propuesta, les agradeceríamos que nos pusieran en contacto con una empresa que pueda estar interesada*

¡NO OLVIDES!

– Fíjate en la forma **–ing** en : **with a view to entering into ...**

– Recuerda el verbo **to be aware** : "estar al corriente/como sabrá". La expresión, más formal **you are not unaware (of the fact that...)** se traduce: "no debe ignorar que ..."

– Recuerda la preposición : **in exchange FOR.**

- La expresión **to feel confident** significa "estar seguro/tener confianza en".

¡Ahora tú!

• ... trading company... in the... (to sell) and... (to distribute) of construction equipment... the Asian market. We... an agency agreement for the commercialisation of your products... this part of the world.

• We... retailers... video games and... interested... as agents... you... Western Africa. We... enclose... detailing our activities. We look... your comments... this proposal.

• We... distribution company... computers and... be interested... partnership... the distribution of your products, to cover... whole... Northern Europe. If you... interested... this proposal, please... in touch with us... soon... possible.

13 REDACTAR UN CONTRATO

El Sr. Miller enumera las condiciones del contrato de representación comercial con la sociedad Panorama.

Redacta la carta del Sr. Miller con la ayuda de los términos siguientes :

1. *"Referente a" :*
   - in reference at
   - to refer to
   - with reference to

2. *Proponer "representación exclusiva":*
   - unique representation
   - only commercialisation
   - sole agency

3. *"Adjuntar" :*
   - enclosed please find
   - enclosed are
   - you will find joined

4. *Pedir la firma de los dos ejemplares :*
   - sign the two copies
   - sign the examples twice
   - sign both copies

5. *¿Cómo se dice "junto con"?*
   - together with
   - besides
   - further to

6. *"Para cualquier información complementaria..." :*
   - for all other information
   - if you have more questions
   - should you have any further queries

7. *"Quedo a su disposición ..." :*
   - I am to be disposed of
   - I am in your disposition
   - please do not hesitate to contact me

8. *Considerar un próximo encuentro :*
   - our next encounter
   - our future rendez-vous
   - our forthcoming meeting

LUXIPHONE
c/ Capitán Alba, 10
45005 Toledo

Your ref: TS/PL314
Our ref: DM/S67

Panorama Ltd
1150 Grand Boulevard
Los Angeles
CA 90041 USA

12th May 19...

Dear Mr Southampton,

AGENCY AGREEMENT

(1).................... our telephone conversation of Thursday, I am pleased to confirm the agency agreement giving you (2).................... for our products in the United States.

(3).................... two copies of our terms for the agency agreement. Would you please (4).................... and return them to me, (5).................... any comments or amendments you would like to make regarding the contents.

(6).................... concerning the conditions of the agency agreement (7)....................

I look forward to (8).................... to discuss the final contract, and hope this is the beginning of a long and mutually beneficial association.

Yours sincerely,

D. Miller
Export Manager

ENCS.

Dear Mr Southampton,

AGENCY AGREEMENT

(1) With reference to our telephone conversation of Thursday, I am pleased to confirm the agency agreement giving you **(2) sole agency** for our products in the United States.

(3) Enclosed are two copies of our terms for the agency agreement. Would you please **(4) sign both copies** and return them to me, **(5) together with** any comments or amendments you would like to make regarding the contents.

(6) Should you have any further queries concerning the conditions of the agency agreement **(7) please do not hesitate to contact me.**

I look forward to **(8) our forthcoming meeting** to discuss the final contract, and hope this is the beginning of a long and mutually beneficial association.

Yours sincerely,

¿CÓMO SE DICE?

• Confirmar el contrato

With reference to our discussion/your letter/our telephone conversation, we are pleased to confirm... : *de acuerdo con nuestra conversación/su carta/nuestra conversación telefónica, nos complace confirmar ...*

... the agency agreement : *... el acuerdo de agente*

... our partnership : *... nuestra asociación*

... our joint venture : *... nuestra "joint venture"*

... the franchise : *... la franquicia*

• Indicar los documentos a firmar
Enclosed are two copies of the contract. Would you please sign both copies and return one to me : *adjuntamos dos copias del contrato. Le rogamos firme las dos copias y nos remita una*
Enc(s), Encl(s) : *adjuntamos*

• Fórmulas para concluir
If you have any further queries regarding the conditions of the contract please do not hesitate to contact me : *si tiene cualquier duda respecto a las condiciones del contrato, no dude en ponerse en contacto conmigo*
I look forward to our forthcoming meeting : *a la espera de nuestra próxima reunión*
I hope this is the beginning of a long and mutually beneficial association (between our two companies) : *en espera de que nuestra asociación sea larga y fructífera*
Please let us know within 3 weeks if these terms are acceptable : *le rogamos nos informe dentro de las tres próximas semanas si estas condiciones le parecen aceptables*

¡Ahora tú!

• With ... your letter of 9th September, I... in confirming the franchise agreement authorising you to set up a branch of our company in Brazil. ... are two copies of the franchise agreement. Please... copies and... one to me.

• The general conditions of the contract are as follows :
- The contract is... initially to 5 years, but may be... for a further year... to an evaluation of your company's performance.
- Our representatives work... a commission...
- Commission is... all orders.
- We are prepared... advise on marketing and advertising, and to... publicity material. Expenses... the agent.

AGREEMENT No.176

General conditions

1. Panorama Ltd. (**hereafter referred to as** "The Agent") must work **exclusively** for Luxiphone (hereafter referred to as "The Company").

2. The Agent **must undertake** not to work for The Company's competitors.

3. The Agent must **confine his activities to the area of** the United States of America.

4. **The Agent's task is to** represent The Company in all ways necessary **to promote the commercial success** of The Company's products in the United States, including presenting catalogues and giving demonstrations to customers, carrying out marketing and advertising campaigns, and managing the importation, sales and distribution of all such products.

5. **The post requires specialist knowledge** for which **The Company will provide the necessary training.**

6. The Company **is prepared to spend an average of** FF 500,000 per year on advertising. **The Company will advise on** marketing and advertising of the goods.

7. **The contract is limited initially to** 2 years, and **may be renewed** based on **an annual evaluation** of The Agent's performance.

8. The contract **may be cancelled by either party subject to 3 months' notice.**

9. There will be **a trial period of** 6 months at the end of which either party may cancel the contract subject to one month's notice.

10. Goods are sold **on a commission basis** but The Company is prepared **to take on** part of the administration and marketing costs. The Company's **normal rate of commission** for overseas representatives is 20% of the turnover. This commission is payable on all orders placed through The Agent or his/her intermediaries, and is to include **any expenses** The Agent **incurs, provided** The Agent sends The Company full details of such expenses and the **corresponding receipts.** The commission will be **paid quarterly.**

.../...

CONTRATO N° 176

Condiciones Generales

1.Panorama S.A. (en adelante El Agente) trabajará exclusivamente para Luxiphone (en adelante La Sociedad).

2. El Agente acepta no trabajar para la competencia de La Sociedad.

3. El Agente limitará sus actividades al territorio de los Estados Unidos de Ámerica.

4. El Agente se compremete a representar La Sociedad, de todas las formas necesarias para promocionar el éxito comercial de los productos de La Sociedad en Estados Unidos, incluyendo la difusión de catálogos y las demostraciones a clientes, llevando a cabo campañas de marketing y publicidad, y organizando la importación, venta y distribución de todos sus productos.

5. El puesto requiere conocimientos especializados para los que La Sociedad suministrará la formación necesaria.

6. La Sociedad está dispuesta a invertir en publicidad una media de 5.000.000 de pesetas al año. La Sociedad ofrecerá sus consejos en marketing y publicidad de los productos.

7. El contrato se limita inicialmente a dos años y puede renovarse según una evaluación anual de los resultados del Agente.

8. Cualquiera de las dos partes puede rescindir el contrato dando aviso con tres meses de antelación.

9. Existe un período de prueba de 6 meses, al término del cual cualquiera de las dos partes puede rescindir el contrato con un mes de antelación.

10. Los productos se venden bajo el concepto de comisión pero La Sociedad está dispuesta a participar en gastos de administración y marketing. La comisión habitual para representantes en el extranjero es el 20% de la facturación. Esta comisión se paga por todos los pedidos hechos por El Agente o sus intermediarios, y debe incluir cualquier gasto generado por El Agente, siempre y cuando El Agente mande a La Sociedad una descripción detallada de tales gastos y recibos correspondientes. La comisión se paga trimestralmente.

.../...

14 CARTAS DE AGRADECIMIENTO

David Miller, muy satisfecho de su estancia en Inglaterra, y las reuniones con la Sra. Johnson y George, decide aprovechar un momento de calma en la oficina para escribir sus cartas de agradecimiento. Empieza por la Sra. Johnson, para después escribir a su amigo George.

AGRADECIMIENTOS FORMALES

Ayuda a David Miller a redactar su primera carta de agradecimiento :

1. ***Encabezamiento :***
   - Dear Angela
   - Dear Madam
   - Dear Mrs Johnson

2. ***Fórmulas de agradecimiento :***
   - I am interested in thanking you
   - I must thank you
   - I should like to thank you

3. ***Motivo del agradecimiento :***
   - the great time
   - the fruitful meeting
   - the good reunion

4. ***Personalizar los agradecimientos :***
   - your excellent welcome
   - your undivided attention
   - your kind hospitality

5. ***Calificar una entrevista :***
   - most interesting
   - great fun
   - a worthwhile experience

6. ***"Recibiremos en breve" :***
   - we shall shortly be receiving
   - you will not delay in sending
   - you have not forgotten about

7. ***"Lo que acordamos en nuestra reunión" :***
   - I want you to buy
   - I showed you
   - we discussed during our meeting

8. ***Esperar una "colaboración duradera" :***
   - good relations
   - more meetings
   - renewed transactions

9. ***Despedida :***
   - Yours faithfully
   - Yours truly
   - Regards

LUXIPHONE
C/ Capitán Alba, 10
45005 Toledo

Mrs Johnson
Electron Ltd.
25 St James Street
Birmingham B25 8HO

24th February 19...

(1)..................,

(2).................. for (3).................. we had last Tuesday and for (4)..................... It was (5).................. to visit your company and become better acquainted with your business operations.

I trust (6)............... your order for the new products (7)................., and look forward to (8)............... between our two companies.

(9)...................,

D. Miller

D. Miller
Export Manager

(1) **Dear Mrs Johnson,**
(2) **I should like to thank you** for (3) **the fruitful meeting** we had last Tuesday and for (4) **your kind hospitality.** It Was (5) **most interesting** to visit your company and become better acquainted with your business operations.
I trust (6) **we shall shortly be receiving** your order for the new products (7) **we discussed during our meeting,** and look forward to (8) **renewed transactions** between our two companies.
(9) **Yours sincerely,**

AGRADECIMIENTOS INFORMALES

Al escribir a George, David Miller adopta un tono diferente. Lee su carta completa :

Dear George,
Many thanks for the very pleasant evening at the White Horse the other night. I haven't enjoyed myself so much for a long time and **it was lovely to see you again**; we **ought to make it more of a regular event.** Incidently, I found your friend Sarah particularly charming. I don't suppose you have her address, do you?
Hope to see you again soon. Why don't you come and visit me in Toledo next time?
Very best wishes,

¿CÓMO SE DICE?

• **Expresar agradecimiento**

Informal

Many thanks for your help : *muchísimas gracias por tu ayuda*
Thank you for the lovely evening : *disfruté mucho la otra tarde*
Thanks very much for having us : *gracias por habernos recibido*
Thanks a lot for your letter : *muchas gracias por tu carta*

Formal

I wanted/would like to thank you for your hospitality : *quiero/querría agradecerle su hospitalidad*
Please accept our warmest thanks for... : *acepte nuesto más caluroso agradecimiento*
Thank you so much for sending the information we requested : *les agradecemos la información enviada*
It was most kind of you to offer us a reduction on the remainder of your stock : *les agradecemos que nos ofrecieran un descuento en los restos de su stock*
We should like to express our gratitude/our sincere thanks for... : *querríamos expresar nuestra gratitud/agradecer sinceramente ...*
I am most grateful to you for all your help and hospitality during my recent stay in Hong Kong : *agradezco muchísimo su ayuda y hospitalidad durante mi reciente estancia en Hong Kong*
Thank you for your hospitality on the occasion of our meeting on... : *le agradezco su acogida cuando vine para la reunión del...*

¡NO OLVIDES!

– Después de una fórmula de agradecimiento se utiliza la expresión **FOR** :
Thank you FOR...
We are grateful FOR...

– Observa el empleo del superlativo **most** (el más) para insistir de manera positiva : **it was most interesting to visit...**, fue realmente muy interesante visitar ...

¡Ahora tú!

• *Has ido a cenar a casa de unos amigos. Escríbeles para agradecerles la agradable velada* (lovely evening) *y la excelente cena* (excellent meal).

• I... (gratitude) for the useful advice and interesting documents you gave me... our last meeting.

• Please... my warmest thanks... your kind hospitality during my visit... Nairobi last week.

15 INFORMES COMERCIALES

El Sr. Miller está muy orgulloso de que su empresa haya sido elegida como proveedora oficial para la Reina de Inglaterra. Quiere informar a los clientes.

Ayuda a David Miller a preparar su "mailing" :

1. ***Encabezamiento :***
   - Gentlemen
   - Dear Sir/Madam
   - Dear Mr Smith

2. ***"Tenemos el placer de anunciarle" :***
   - we are happy to inform you
   - we have pleasure in announcing
   - we would like you to know

3. ***Para introducir un motivo:***
   - is due to
   - was awarded for
   - comes as a reward for

4. ***"Ofrecemos" :***
   - we give
   - we are always strive to offer
   - we are offering

5. ***"Hacer un pedido" :***
   - you place your order
   - you give your order
   - you pass your order

6. ***¿Cómo se envía el catálogo?***
   - enclosed
   - soon
   - under separate cover

7. ***"Suministrar" :***
   - to give them
   - to furnish them with
   - to provide them with

8. ***Para hablar de lo que esperan los clientes :***
   - they are accustomed to
   - to which they are accustomed
   - they want

9. ***Despedida :***
   - Best wishes
   - Very truly yours
   - Yours sincerely

LUXIPHONE
c/ Capitán Alba, 10
45005 Toledo

2nd September 19...

Purchasing Department
Barnes & Sons
100 Greyson Gardens
London W1 SQ2

(1) ....,

(2) .... that our company has recently been accepted as official supplier to Her Majesty the Queen.

This contract (3) .... the excellent quality and service we (4) .... our customers. To mark the event we are offering special prices on our Mars and Princess ranges if (5) .... before 1st May. We are sending you our latest catalogue (6) ....

We look forward to maintaining the special relationship we have with our customers and to continuing (7) .... the prompt service and quality products (8) ....

(9) ....,

D. Miller

D. Miller
Export Manager

(1) Gentlemen,

(2) We have pleasure in announcing that our company has recently been accepted as official supplier to Her Majesty the Queen.

This contract **(3) comes as a reward for** the excellent quality and service **(4) we always strive to offer** our customers. To mark the event we are offering special prices on our Mars and Princess ranges if **(5) you place your order** before 1st May. We are sending you our latest catalogue **(6) under separate cover.**

We look forward to maintaining the special relationship we have with our customers and to continuing **(7) to provide them with** the prompt service and quality products **(8) to which they are accustomed.**

(9) Very truly yours,

¿CÓMO SE DICE?

- **Anunciar un suceso**

We are writing to inform you that Mr Hampshire will be retiring as Chairman of the Board in June : *por la presente le informamos que el Sr. Hampshire se retira como Consejero Delegado en junio*

You will be interested to know that we have just introduced/brought out our new range of DIY products : *para su información, acabamos de introducir/lanzar nuestra nueva gama de productos de bricolage (DIY = do it yourself)*

We have pleasure in announcing the opening of our new High Street branch : *nos complace anunciarle la inauguración de nuestra nueva sucursal en High Street*

We have pleasure in informing you/notifying you of the recent merger of our company with Fuji Computers Ltd. : *nos complace informarle/notificarle la reciente fusión de nuestra compañía con Fuji Computers Ltd.*

May we draw your attention to the long-awaited arrival of our new "Fun Pens" : *les anunciamos la tan esperada llegada de nuestros nuevos bolígrafos "Fun"*

We are pleased to be able to give you details of our brand new model of vacuum cleaner : *tenemos el placer de remitirles los datos de nuestro nuevo modelo de aspiradora*

We are delighted to introduce to you our brand-new range of office furniture : *tenemos el placer de presentarles nuestra nueva gama de mobiliario de oficina*

• Anunciar una oferta especial para celebrar un suceso

To mark the event/the occasion we are offering... : *para celebrar el suceso, ofrecemos...*

... special prices on our (product) : *... precios especiales en nuestro (producto)*

... a special discount for all orders exceeding £500 : *un descuento especial para cualquier pedido que exceda £500*

... a discount of 3% if you place your order before 1st May : *un descuento del 3% si hace su pedido antes del 1 de mayo*

To mark the event we are making a special offer of a free gift with every order : *para celebrar el suceso, ofrecemos un regalo con cada pedido*

• Recalcar las ventajas, las características

As a result of this merger we are able to offer you a much wider range of products and significant price reductions : *dada esta fusión, podemos ofrecerle una gama de productos mucho más amplia y reducciones importantes de precio*

You will find this new version of the...(product) even more accurate/efficient/ attractive/ economical/easy to use/reliable : *verá que esta nueva versión del ... (producto) es incluso más exacta/ eficaz/ atractiva/ económica/ fácil de utilizar/ fiable*
Our new branch has the added advantage of being situated right in the heart of the business district : *nuestra nueva sucursal tiene la ventaja adicional de estar situada en el mismo centro del área de negocios*
Our products are reputed for their high quality and competitive prices : *nuestros productos están reconocidos por su alta calidad, y precios competitivos*

• Mensajes de agradecimiento
It came to my notice recently that, after fifteen years doing business together, your company is one of our oldest customers. I should like to take this opportunity of thanking you for your regular patronage. We also very much appreciate your continued contribution to the prosperity of our business through your recommendations to potential customers : *he advertido recientemente que, después de 15 años de hacer negocios juntos, su empresa es uno de nuestros más antiguos clientes. Querría aprovechar esta oportunidad para agradecerles su confianza. Así mismo, agradecemos profundamente su continua contribución a la prosperidad de nuestro negocio con sus recomendaciones hechas a futuros clientes.*

¡NO OLVIDES!

– El Sr. Miller podría haber empezado su carta con la frase **Dear Customer**, dado que es una circular destinada a todos los clientes habituales de la empresa Luxiphone.

– Aquí se emplea **We are offering** y no **We offer**, ya que la segunda expresa lo que se hace en general, mientras que la primera insiste en lo que se hace ahora, en el momento.

– Distingue la construcción formal **to which they are accustomed**, que se diferencia de la construcción informal **which they are accustomed to** por la posición de la preposición **to.**

¡Ahora tú!

• You will be... that we have just brought out a... of hi-fi equipment. To... the occasion, we... a discount on all orders of... £2,000. We... our latest catalogue... separate cover.

• We... in announcing the merger... with United Motors Ltd. As... of this merger we... to offer a much wider... of cars at reduced....

• To mark the opening of... factory... New Malden, we... 5% off list-price if... your order... within the next month.

• You... interested... know that... recently brought... our... new selection... ozone-friendly hairsprays. You... find this... version... the hairspray... economical and easy to use.

16 PROBLEMAS/RECLAMACIONES

El Sr. Miller recibe la carta de un cliente señalándole los desperfectos sufridos por las cajas de mercancía enviadas recientemente por Luxiphone. La carta tiene, sin embargo, un tono amable.

Reconstruye la carta de reclamación con la ayuda de los términos siguientes :

1. ***Señalar la llegada del envío :***
   – we took delivery
   – we were delivered
   – we had received delivery

2. ***"Lamentablemente" :***
   – we regret that
   – we were sorry that
   – regrettably

3. ***"Embalaje inadecuado" :***
   – your having packed them wrongly
   – a serious error committed by the packers
   – inadequate packing

4. ***Sugerir una indemnización :***
   – you will be getting compensation
   – you will be claiming compensation
   – you would insist on compensation

5. ***Proponer una comprobación (de daños) :***
   – as evidence
   – for inspection
   – as a control

6. ***Recordar las condiciones de garantía :***
   – as we agreed when signing
   – as you are bound by
   – under the terms of

7. ***Pedir una sustitución :***
   – make sure we get replacements
   – send a replacement
   – give us our money back

8. *Pedir una rápida respuesta :*
   – hurry up
   – get it done quickly
   – attend to the matter with the utmost urgency

9. *Considerar las molestias causadas :*
   – a real nuisance to us
   – causing us great inconvenience
   – most infuriating

HIMES ASSOCIATES
Purchasing Department
251 Northern Road
Manchester – England

Ref: GB/SD

The Export Manager
Luxiphone
c/ Capitán Alba, 10
45005 Toledo

3rd October 19...

Dear Mr Miller,

(1)......... this morning of our Order No.671B. (2)......, some of the crates were damaged, and on unpacking them we found a number of breakages. We would suggest this is due either to (3)...... or to an accident in transit.

As sale was on a CIF basis, we presume (4)...... from the carrier. We estimate the value of the damage at around £2,500. We will, of course, be keeping the damaged crates and their contents (5).........

(6)......... the guarantee, we should be most grateful if you would (7)...... for the damaged items. A list of these is enclosed. We must ask you to (8)......... as this delay is (9).........

We look forward to an early reply.

Yours sincerely,

G Brown
Purchasing Department

Dear Mr Miller,

(1) **We took delivery** this morning of our Order No.671B.
(2) **Regrettably**, some of the crates were damaged, and on unpacking them we found a number of breakages. We would suggest this is due either to **(3) inadequate packing** or to an accident in transit.
As sale was on a CIF basis, we presume **(4) you will be claiming compensation** from the carrier. We estimate the value of the damage at around £2,500. We will, of course, be keeping the damaged crates and their contents **(5) for inspection.**
(6) Under the terms of the guarantee, we should be most grateful if you would **(7) send a replacement** for the damaged items. A list of these is enclosed. We must ask you to **(8) attend to the matter with the utmost urgency** as this delay is **(9) causing us great inconvenience.**

We look forward to an early reply.

Yours sincerely,

¿CÓMO SE DICE?

• Señalar una demora en el envío

The goods we ordered on 5th January (order No. GH550) have not yet arrived : *las mercancías que pedimos el 5 de enero (nº Pedido GH550) todavía no han llegado*

We have not yet received our order No. 66 which we understood was shipped on 6th March : *todavía no hemos recibido nuestro pedido nº. 66 que, según tenemos entendido, embarcó el 6 de marzo*

We regret to inform you that our order No. GH550, which should

have been delivered on 1st April, is now considerably overdue : *lamentamos informarle que su pedido nº GH550, cuyo fecha de entrega era el 1 de abril, sufre un considerable retraso*
Please look into the non-delivery of the 500 desk lamps which we ordered on November 25th : *rogamos averigüe porqué no se entregaron las 500 lámparas de mesa pedidas el 25 de noviembre*
We still have not received the goods we ordered on March 12th. As this order was placed on condition that we received the consignment before 15th April, we will be obliged to take our custom elsewhere : *las mercancías que habíamos pedido el 12 de marzo todavía no han llegado. Como hicimos este pedido bajo la condición de entrega antes del 15 del abril, nos vemos obligados a buscar otro proveedor*

• Señalar las pérdidas o desperfectos después de la entrega
We took delivery on 2nd December of our order No. 51: however, several crates were missing, and others were damaged : *recibimos nuestro pedido nº 51 el 2 de diciembre: sin embargo, faltaban algunas cajas y otras han sufrido desperfectos*
Upon receipt of our order No. 777 we found that the boxes had been broken open and some items removed : *al recibir nuestro pedido nº 777, advertimos que las cajas habían sido abiertas y algunos artículos robados*
We regret to report that our consignment of... was delivered this morning in an unsatisfactory condition. A detailed list of the damaged items is enclosed : *lamentamos informarles que nuestro cargamento de ... nos fue entregado esta mañana en malas condiciones. Adjuntamos una lista detallada de los artículos dañados*
Our consignment of... was stolen in transit : *nuestro cargamento ... ha sido robado durante el transporte*

• Hacer una segunda reclamación (en tono más insistente)
I am extremely concerned at your failure to deliver the consignment of spare parts promised for March 20th : *me preocupa enormemente su incumplimiento en la entrega del cargamento de piezas de repuesto asegurada para el 20 de marzo*
I feel I should point out that this is not the first time we have had to complain for a similar reason, and although I appreciate there may be a valid explanation for the delay, I cannot allow our production schedules to be disrupted : *me veo obligado a señalar que ésta no es la primera vez que hemos tenido que reclamar por un motivo parecido, y aunque reconozco que pueda haber una explicación válida para la demora, no puedo permitir la interrupción de nuestros programas de producción*
I would be reluctant to have to change suppliers in the hope of better service : *lamentaría tener que cambiar de proveedor en espera de obtener mejor servicio*
The disruption to our production caused by your company's inefficiency has been most serious and we have been forced to supply our needs from another manufacturer at considerable inconvenience : *la interrupción en nuestra producción causada por la ineficacia de su compañía ha sido muy grave y nos ha obligado a satisfacer nuestras necesidades con otro fabricante con los consiguientes inconvenientes*

• Precisar las medidas adoptadas ante los desperfectos
We have marked the delivery slip accordingly : *hemos marcado las notas de entrega pertinentemente*
We have reported the damage to the carriers and will be keeping the damaged crates and their contents for inspection : *hemos informado a los transportistas de los desperfectos y tenemos en nuestro poder las cajas dañadas y su contenido para inspección*
We have had a survey of the damage carried out. A copy of the report has been sent to our insurance company : *hemos realizado un peritaje sobre el daño causado. Una copía del informe ha sido remitido a nuestra compañía aseguradora*

• Dar explicaciones

Delivery was delayed as the goods were sent to your previous address : *se ha retardado le entrega debido a que las mercancías fueron entregadas en su anterior dirección*

The goods were damaged due to inadequate packing : *la mercancía ha resultado muy dañada debido a un embalaje inadecuado*

The consignment was wrongly labelled : *el cargamento fue etiquetado erróneamente*

• Proponer soluciones

We should be grateful if you would arrange for replacement of the following articles to be sent as soon as possible : *les agradeceríamos nos reemplazara y enviara cuanto antes los siguientes artículos*

Please arrange for reimbursement of the value of the damaged goods : *rogamos nos reembolse el valor de las mercancías dañadas*

We are returning the articles in question. Please credit us for the returned goods : *les remitimos los artículos mencionados. Rogamos nos abone el valor de las mercancías devueltas*

We are prepared to keep these damaged goods, but at a substantially reduced price : *estamos dispuestos a quedarnos las mercancías defectuosas, a un descuento considerable*

If you were to deduct the sum of £50 from our next order, we would consider the matter closed : *si Vdes. deducen la cantidad de 50 libras de nuestro siguiente pedido, consideraremos el asunto cerrado*

• Señalar un error en el contenido de un cargamento

We were surprised to find that the complete order was not delivered. Would you please look into this for us : *nos sorprendió advertir que no se entregó el pedido completo. Rogamos se encargue de este asunto*

We would like to draw your attention to the fact that, of the items supplied, one lot was of the wrong colour and another was of a larger size than ordered. We are returning both lots and would ask you to send replacements as soon as possible : *les advertimos que de los artículos suministrados, una parte era de un color erróneo y otra de una talla mayor que la pedida. Devolvemos ambos paquetes y rogamos nos manden otros cuanto antes*

- **Errores en las facturas**

We found, on checking your invoice No. 900, that our figures do not agree with yours : *advertimos, al comprobar su factura nº 900, que nuestras cifras no concuerdan con las suyas*
It appears that on Invoice No. 88 you have failed to credit us with the agreed discount of 2% : *parece que en la factura nº 88 Vd. ha omitido el descuento acordado del 2%*
We notice that you have charged for extra insurance coverage which was not stipulated in the original agreement : *advertimos que Vd. nos ha facturado un seguro adicional que no había sido estipulado en el acuerdo original*
We should like to query the charge for packing which seems unusually high : *nos gustaría que nos explique el cargo por embalaje que nos parece inusitadamente alto*
We have noticed a number of discrepancies in your latest invoice. We would be grateful if you would look into this and forward us a modified invoice : *hemos notado algunas anomalías en su última factura. Rogamos la compruebe y nos mande una factura modificada*

- **Quejarse de la calidad de un servicio**

I regret to have to complain about the appalling service I received from one of your maintenance engineers last week. Not only did he arrive three hours late, but he failed to clean up after repairing the machine and was exceedingly impolite : *lamento tener que quejarme del servicio deplorable que recibí de uno de sus ingenieros de mantenimiento la semana pasada. Además de llegar tres horas tarde, no limpió después de la reparación de la máquina y fue extremadamente mal educado*

¡NO OLVIDES!

– Para escribir una reclamación es preferible seguir el siguiente esquema :
• Especificar de qué se trata (**I am writing with reference to.../Yesterday we received our Order No...**).
• Exponer el problema y dar una explicación.
• Proponer una solución (reembolso, sustitución, ...).

– Fíjate en la utilización de **under**, que aquí significa **according to** (según alguien) : **under the terms of the contract** (bajo los términos del contrato...).

¡Ahora tú!

• We... delivery yesterday... our order No. 45K. We found on... the crates that several items were missing. A list of the missing articles is... Please send a... as... as possible.

• We... to inform you that our order No. 89... not arrived. This... is causing us great... as we have a very tight production...

• I am extremely... at your repeated failure to... our consignments on time. If there is no improvement I am... we shall have to... our custom elsewhere.

• I... to your invoice No. 789, in which we have noticed a number of... I should... you would look into this and... us... invoice.

17 SOLICITUD DE EMPLEO

Teniendo en cuenta todos los pedidos adicionales producidos por la Feria y dado que Luxiphone es el suministrador oficial de la reina de Inglaterra, David Miller necesita un ayudante. Decide publicar un anuncio en The Times y recibe respuestas interesantes ...

A Spanish manufacturer of luxury telephones with important business connections in Great Britain invites applications for the post of

ASSISTANT TO THE EXPORT MANAGER

Candidates should speak fluent Spanish and have at least two years' experience in international business and/or a business training. Starting salary will be in the range of £11-16,000 p.a. depending on age and experience. Please send applications to :

Mr D. Miller, Export Manager, Luxiphone, c/ Capitán Alba, 10, 45005 Toledo, España.

Redacta una carta de candidatura :

1. *Proponerse para un empleo :*
   - to be the
   - to be considered for the post of
   - to propose myself as

2. *Referirse a un anuncio publicado:*
   - as seen
   - as appeared
   - as advertised

3. *Referirse a su formación :*
   - having graduated from
   - having got through
   - having finished with

4. *Ampliar su experiencia :*
   - enlarge my experiment
   - broaden my experience
   - widen my knowledge

5. *Adjuntar un C.V. :*
   - I include my...
   - my... is enclosed
   - enclosed is my...

6. *Ampliar los detalles :*
   - further particulars
   - futher particularities
   - further peculiars

7. *"Hasta ahora" :*
   - to date
   - until now
   - until here

s Edf. Alcoma Telf.: 285.68.35
Fax: 286.44.79

Telf.: 963.93.55
963.97.52

s de La Lagunita.

entre-libros@cantv.net

8. *Esperar una entrevista :*
   – keen on being interviewed
   – waiting for my interview
   – available for interview

9. *Esperar una respuesta :*
   – your acceptance
   – a positive reply
   – hearing from you

Mr D. Miller
Export Manager
Luxiphone
c/ Capitán Alba, 10
45005 Toledo

Janet Brown
12 Harcourt Road
LONDON SW1

18th September 19...

Dear Sir,

I should like (1)........................ assistant to the Export Manager, (2)............. in The Times of September 12th. (3)............................ business school in 1989, where I specialised in international business, I began working for the marketing department of United Telecom. It was there that I came across your products for which I have always had a high regard. I should be delighted to have the opportunity to work for your company, in order to (4)...................... in the field of telecommunications in a challenging international environment.
(5)...................... which will give you (6)...................... of my career (7).................... I am (8)........................... at any time, and should be happy to come to Toledo if necessary.

I look forward to (9)..........................

Yours sincerely

Janet Brown

Janet Brown

Dear Sir,
I should like **(1) to be considered for the post of** assistant to the Export Manager, **(2) as advertised** in *The Times* of September 12th.
(3) Having graduated from business school in 1989, where I specialised in international business, I began working for the marketing department of United Telecom. It was there that I came across your products for which I have always had a high regard. I should be delighted to have the opportunity to work for your company, in order to **(4) broaden my experience** in the field of telecommunications in a challenging international environment.
(5) Enclosed is my curriculum vitae which will give you **(6) further particulars** of my career **(7) to date**. I am **(8) available for interview** at any time, and should be happy to come to Toledo if necessary.
I look forward to **(9) hearing from you**.
Yours sincerely,

¿CÓMO SE DICE?

• Para referirse a un anuncio

I see from your advertisement in the... (newspaper) that you have a vacancy for a... : *veo por su anuncio en el ... (periódico) que dispone de una vacante para el puesto de ...*
I was interested to note your advertisement in... : *despertó mi interés su anuncio en ...*
It was with great interest that I read the advertisement for... : *leí con gran interés su anuncio para ...*
I was interested to learn that your company is now recruiting/wishes to recruit... : *despertó mi interés saber que su empresa está ahora reclutando/quiere reclutar ...*

• Ofrecerse como candidato

I should like/I wish to apply for the post of... : *querría presentarme para el puesto de ...*

• Solicitar empleo

I would be interested to learn/know whether you have a vacancy for... : *querría saber si dispone de un puesto de ...*

I am writing to inquire about the possibility of working for your company : *escribo para interesarme sobre la posibilidad de trabajar para su empresa*

I am looking for a post in... : *estoy buscando un puesto en ...*

I am writing to ask you whether you have vacancies for... : *le escribo para saber si tiene puestos vacantes para...*

• Pedir información sobre el puesto

Please send me further details of the post : *ruego me manden más detalles sobre el puesto*

I would be obliged if you could forward a copy of the application form to me at the above address : *le agradecería me enviara una copia de la hoja de inscripción a mi nueva dirección*

• Hablar de uno mismo y su experiencia profesional

For the past... years I have been employed as a... : *durante los últimos ... años he trabajado de ...*

I was responsible for... : *era responsable de...*

I was in charge of... : *me ocupaba de...*

I specialise in... : *soy especialista en...*

This is a job for which I believe I am ideally suited : *éste es un trabajo para el cual creo ser perfectamente competente*

I gained wide experience in market research in the marketing department at Peters & Sons Ltd. : *he adquirido una amplia experiencia en estudios de mercado en el departamento de marketing de Peter and Sons Ltd.*

I have already acquired some experience in... : *he adquirido ya alguna experiencia en ...*

I speak fluent English and German : *hablo con fluidez inglés y alemán*

I feel I have the necessary training and qualities needed for the post of... : *creo tener la formación necesaria y cualidades requeridas para el puesto de ...*
I am eager to undertake new responsibilities in a challenging post : *estoy motivado para asumir nuevas responsabilidades en un puesto que represente un reto*
I am keen to broaden my knowledge in the field of... : *tengo ganas de ampliar mis conocimientos en el campo de ...*

• Referirse a un curriculum vitae
I enclose/I attach a copy of my curriculum vitae which will give you further particulars/more complete details of my career to date : *adjunto una copia de mi curriculum vitae que le dará más datos/más detalles completos de mi trayectoria profesional*

• Fórmulas para concluir
I will be happy to supply any other details you may require : *quedo a su disposición para suministrarle cualquier otro dato que pueda necesitar*
I would greatly appreciate the opportunity of an interview : *agradecería tener la oportunidad de una entrevista*
I can make myself available for interview at any time : *quedo a su disposición en todo momento para una entrevista*
I am available for interview at your convenience : *quedo a su disposición para una entrevista*
I can only come to an interview on Fridays : *sólo puedo venir para una entrevista los viernes*
I shall be available from 12th May onwards : *estaré disponible a partir del 12 de mayo*
The names of two referees are given below : *a continuación doy los nombres de dos referencias*
I look forward to hearing from you : *a la espera de su contestación ...*
Hoping for a favourable reply : *a la espera de una favorable respuesta ...*

¡NO OLVIDES!

– El orden de presentacion de los elementos en una carta de solicitud debe ser el siguiente :
- situar el empleo propuesto (anuncio, recomendación, solicitud espontánea ...) ;
- presentarse (estudios, experiencia en el área ...) ;
- expresar sus motivaciones ;
- referirse al curriculum vitae, la posibilidad de una entrevista, posibles referencias, etc. ...;
- ofrecerse para un nuevo contacto.

– En la medida de lo posible, evita empezar las frases con **I** (o hazlo lo menos posible).

¡Ahora tú!

- I wish... the post of salesman... advertised... Tuesday's *Herald Tribune.* This is a... for which I believe I am... suited.

- I... looking... a post... computer programming... a large international company... For the... 5 years I... employed... computer programmer... Hi-Tech Inc. I speak... Spanish and have... experience of working abroad.

- *Responde al anuncio siguiente :*

A large international cosmetics company based in London invites applications for the post of

MARKETING MANAGER

Candidates should have over five years' work experience in the field of marketing, and have a good working knowledge of at least two foreign languages. Starting salary will be in the range of £25-30,000 p.a., to be negotiated. Please send applications and a detailed C.V. to : The Personnel Manager, Harriett Cosmetics Company Ltd., 25 King's Road, London SW1, England.

18 CURRICULUM VITÆ

Algunos comentarios

– Es innecesario escribir al principio de la página las palabras "Curriculum Vitae". En su lugar, pon tu dirección.

– Los diplomas superiores (bajo el título de **Educación***) :* BA (Bachelor of Arts) *es el equivalente a una licenciatura, el* MA (Master of Arts) *es un máster y el* MBA (Master of Business Administration) *es un máster de negocios.*

– Fíjate en cómo se expresa el nivel que se posee en una lengua extranjera : good working knowledge *significa que se habla la lengua suficientemente bien para desenvolverse en relaciones de negocios.*

– En Gran Bretaña., la experiencia profesional se describe en orden cronológico (la primera experiencia al principio), mientras que en Estados Unidos, la experiencia más reciente aparece en primer lugar.

– En un curriculum vitae profesional, el apartado de "hobbies" debe estar ausente o muy restringido. En cambio, se puede incluir un apartado de proyectos importantes : major projects *o* major assignments.

– En el apartado OTHER *(otros) se puede mencionar la formación complementaria (curso de lenguas, informática, permiso de conducir, etc.) y los certificados o diplomas extra escolares o extra universitarios, así como las señas de las personas que pueden dar referencias.*

Janet Brown
12 Harcourt Road
LONDON SW1
Tel. (071) 543-6789

DATE OF BIRTH: 27th March 1966
MARITAL STATUS: Single
NATIONALITY: British

EDUCATION:
1982-86 - Greenfields School - Yorkshire
(3 A-levels)
1986-89 - Capital Business School, London.
MBA, specialised in International Business

LANGUAGES:
English - mother tongue
Spanish - fluent
German - spoken
Italian - good working knowledge

PROFESSIONAL EXPERIENCE :
Summer 1987: Crane Engineering. Assistant to the Personnel Manager, responsible for a study on work methods
1989 - 1991: United Telecom. Assistant to the Marketing Manager

HOBBIES: Sailing - Horse riding - Jazz

OTHER: Driving licence
Good computer skills

ABREVIATURAS Y SIGLAS

a/c	current account	*cuenta corriente*
am	ante meridiem	*antes del mediodía*
AFB	air freight bill	*número de transporte aéreo*
a/s	at sight	*a la vista*
AWB	airway bill	*número de transporte aéreo*
B/D	bank draft	*giro bancario*
B/E	bill of exchange	*letra de cambio*
B/L	bill of landing	*conocimiento de embarque*
bldg	building	*edificio*
C & F	cost and freight	*coste y flete*
cc	copy to	*copia a*
cgo	cargo	*cargo*
CH	custom house	*aduana*
CIA	cash in advance	*pago anticipado*
CIF	cost, insurance and freight	*coste, seguro y flete*
C/N	credit note	*nota de abono*
Co.	company	*compañía, empresa*
c/o	care of	*en casa de/al cuidado de*
COD	cash on delivery	*cóbrese a la entrega*
CR	credit, creditor	*acreedor*
CWO	cash with order	*pago*
D/A	documents against acceptance	*documentos contra aceptación*
DD	direct debit	*cargo directo en cuenta*
deld.	delivered	*entregado*
dft.	draft	*borrador*
DGN	dangerous goods notice	*aviso de productos peligrosos*
D/N	debit note	*nota de*
D/P	deferred payment	*pago diferido*
enc(s)	enclosure(s)	*adjunto*
ETA	estimated time of arrival	*hora estimada de llegada*
FAO	for the attention of	*a la atención de*
FAS	free alongside ship	*franco al costado del buque*
FC	for cash	*pago al contado*
FOB	free on board	*franco a bordo*

FOQ	free on quay	*libre de gastos en muelle*
FOR	free on rail	*franco vagón*
GRN	goods received note	*aviso de entrega*
gr.	gross	*bruto*
HO	head office	*sede social*
i.e.	for example	*por ejemplo*
IMO	international money order	*orden de pago internacional*
Inc.	incorporated	*constituida en sociedad*
lb	pound	*libra (≈ 453g)*
L/C	letter of credit	*carta de crédito*
Ltd.	limited	*sociedad anónima (S.A.)*
NCV	no commercial value	*sin valor comercial*
nt. wt.	net weight	*peso neto*
oz	ounce (weight)	*onza (peso ≈ 28,35g)*
p.a.	per year (per annum)	*por año*
P & Q	postage and packing	*portes y fletes*
PLC	public limited company	*sociedad anónima*
pm	post meridiem	*después del mediodía*
pp	on behalf of	*por poderes*
p.o.	postal order	*giro postal*
PTO	please turn over	*ver al dorso*
Re:	reference, regarding	*referente*
reg.	registered	*certificado*
rem.	remove	*suprimir*
req.	required	*obligatorio/necesario*
rlwy	railway	*ferrocarril*
SAE	stamped addressed envelope	*sobre con sello para respuesta*
SC	separate cover	*sobre aparte*
S/N	shipping note	*aviso de embarque*
SO	standing order	*pedido regular*
SOR	sale or return	*venta o devolución*
USC	under separate cover	*en sobre aparte*
VAT	Value Added Tax	*I.V.A.*
vou.	voucher	*justificante*
WC	without charge	*sin cargo*
wrnt	warrant	*certificado/garantía*
ZIP (code)	postal code	*código postal*